BIBLIOTHÈQUE SOCIOLOGIQUE INTERNATIONALE

Publiée sous la Direction de M. René WORMS

Secrétaire Général de l'Institut International de Sociologie

LVII

ESSAIS

DE

MÉCANIQUE SOCIALE

PAR

ANTONIO PORTUONDO Y BARCELÓ

Ancien Professeur de Mécanique Rationnelle
à l'Ecole des Ponts et Chaussées de Madrid,
Associé de l'Institut International de Sociologie.

(Avec six figures hors texte)

PARIS (5ᵉ)

MARCEL GIARD

LIBRAIRE-ÉDITEUR

16, RUE SOUFFLOT ET 12, RUE TOULLIER

1925

ESSAIS

DE

MÉCANIQUE SOCIALE

BIBLIOTHÈQUE SOCIOLOGIQUE INTERNATIONALE
Publiée sous la Direction de M. René WORMS
Secrétaire Général de l'Institut International de Sociologie

LVII

ESSAIS

DE

MÉCANIQUE SOCIALE

PAR

ANTONIO PORTUONDO Y BARCELÓ
Ancien Professeur de Mécanique Rationnelle
à l'Ecole des Ponts et Chaussées de Madrid,
Associé de l'Institut International de Sociologie.

(Avec six figures hors texte)

PARIS (5')
MARCEL GIARD
LIBRAIRE-ÉDITEUR
16, RUE SOUFFLOT ET 12, RUE TOULLIER

1925

A l'École des Ponts et Chaussées d'Espagne, où j'ai étudié, puis où j'ai professé, depuis de longues années, la mécanique rationnelle,

je dédie ces Essais, en public témoignage de gratitude à notre illustre centre d'enseignement.

L'AUTEUR.

PRÉFACE

Il a été publié dans la *Revue internationale de sociologie* (octobre et novembre 1915) l'Introduction de ce livre et son chapitre final sur l'Energie.

— Ce chapitre sur l'Energie a été également reproduit par la *Revue générale des Sciences*.

— La *Revue philosophique* (mars 1917) a publié les Principes · fondamentaux sur lesquels se fonde cette étude de mécanique sociale.

La première étude critique qui ait été faite sur ce livre parut dans l'*American Journal of Sociology* (mai 1913) page 816 et fut écrite par l'éminent sociologue nord-américain Lester F. Ward peu de jours avant sa mort (1).

Nous reproduisons, traduit en français, ce compte-rendu :

Le travail de M. Portuondo y Barcelo est d'un caractère tout différent de celui du Docteur Haret. M. Portuondo y Barcelo ne connaissait pas ce dernier quand il commença le sien ; mais pendant qu'il écrivait son livre il eut l'occasion de voir celui de M. Haret et il mit dans son livre la note suivante :

« Je vois que ce travail est tout à fait autre que le

---

(1) Dans le même numéro de la Revue américaine où s'est publié le travail de Ward, on faisait part de son décès.

mien, quoique tous deux appliquent aux individus et aux groupements sociaux les principes et les théorèmes de la mécanique rationnelle. Mais l'application se fait de points de vues différents — et avec un but tout différent — ainsi que l'apercevra quiconque lira l'un et l'autre livre. Mon écrit est éminemment psychologique (comme base pour l'étude sociale) et il est en outre purement abstrait et théorique — tandis que M. Haret aspire dans le sien à faire une mécanique sociale appliquée (du moins comme une première approximation), puisque le motif qui le détermina à écrire son livre fut son application à la politique. »

M. Portuondo y Barcelo envoya six exemplaires de son livre au Dr Small pour les distribuer à plusieurs sociologues américains — qu'il désignait — en joignant à chaque exemplaire une traduction française de l'Introduction et de la Table des Matières.

Le principe fondamental sur lequel se fonde toute l'œuvre est celui de l'existence de véritables forces sociales identiques à celles qui gouvernent le monde physique. La mécanique sociale est pour lui simplement l'application à la société des lois de la mécanique. Mais les forces sociales sont psychiques et elles deviennent sociales grâce à leur action collective. La mécanique sociale se subdivise donc nécessairement en statique sociale et dynamique sociale ; et elle est traitée dans cet ordre d'une façon systématique. L'auteur fait usage des postulats ordinaires et des éléments de la science mécanique (masse, espace, temps et leurs combinaisons); seulement il emploie des symboles différents de ceux employés par Clerk Maxwell et autres écrivains, anglais pour quelques-uns (Voyez *Pure Sociology*, page 165) ; et les diverses combinaisons (vitesse, moments, force, énergie, puissance, etc.) sont formulées comme dans les autres livres. Il emploie beaucoup le principe de l'accélération — qui est la vitesse divisée par le temps.

Il démontre de la sorte l'erreur de ceux qui regardent la force ou l'énergie comme un dernier postulat irréductible, puique dans l'une et dans l'autre entrent la masse, l'espace et le temps en différents rapports. Et il faut remarquer la façon dont l'auteur suit toujours tous ces postulats et toutes ces formules ; on dirait que presque toute la science de la mécanique peut être portée sur tous les domaines grâce au seul concours de ces relations.

Mais notre auteur considère que ces principes généraux de la mécanique ne peuvent pas être appliqués à tout le phénomène social dans toute son intégralité. Ils peuvent seulement s'appliquer à un phénomène déterminé, d'ordre religieux, moral, juridique, politique, économique, artistique ou scientifique. Dans toutes les questions de mécanique sociale — statiques ou dynamiques — qui devraient être traitées, il faut se borner à l'un de ces phénomènes déterminés. Cela semble correspondre en sociologie à ce qu'est l'espace pour la mécanique rationnelle.

Les forces sociales consistent en désirs, qui sont naturellement psychiques ; et tous les phénomènes sociaux se réalisent par leur action dans la société.

Les lois de l'esprit sont aussi exactes que celles de la matière ; et les forces sociales sont aussi rigoureusement déterminables dans leur action — quand elles sont bien comprise — que le sont les forces physiques.

De la sorte, l'auteur arrive à une physique de l'Esprit, physique psychique — c'est, au fond, celle que définit Edgeworth —, et à la loi d'économie — loi du plus grand profit avec le moindre effort — ; cette loi est traitée mathématiquement et mise en relation avec le principe de la moindre action de Maupertuis et avec celui du moindre effort, de Gauss.

On insiste sur l'énergie potentielle des structures sociales, et l'équilibre des forces sociales dans ces structures constitue l'essence de celles-ci ; mais la perturbation de cet équilibre par la création d'une différence de potentiel est nécessaire pour le progrès et inaugure la période dynamique.

Portuondo rejette toutes les prétendues explications métaphysiques des phénomènes de l'esprit. Le *caractère empirique* de Kant est le seul que l'auteur reconnaît et accepte ; et quant à son *caractère intelligible*, il dit avec une intention bien marquée *para mi ininteligible*.

Les forces sociales sont des sentiments, et les idées n'agissent pas directement comme des forces. « Les forces qui proviennent d'idées ne produisent pas des impulsions dynamiques directes — parce que ces impulsions viennent directement des désirs qui sont des sentiments. Mais les idées exercent leur influence au moyen des sentiments qui les accompagnent et par conséquent nous les considérons comme des forces quand elles agissent d'une façon effective ».

Voilà virtuellement la doctrine des idées-forces de Fouillée et voici la signification scientifique de ces phrases-là.

Les idées de l'auteur quant à l'énergie universelle sont extrêmement lumineuses. Il n'hésite pas à déclarer que l'énergie vitale et l'énergie psychique sont simplement des formes plus élevées dans lesquelles se sont transformées les énergies physiques et chimiques sous la grande loi de la conservation et de la transmutation de l'énergie, et il dit : « Toutes les énergies physiques, chimiques, physiologiques et psychiques sont des manifestations différentes d'une seule énergie universelle ».

L'auteur insiste sur l'importance de l'utilisation par l'homme de toutes les formes de l'énergie. Il ne veut pas parler de dégradation ni de dissipation d'énergie — ce qui est un terme vide de sens si l'on considère sa conservation ou indestructibilité — mais il s'arrête sur son économie et son profit pour l'homme et pour les fins humaines, — l'extension qu'atteindra ce profit étant la véritable mesure de la civilisation.

On peut avoir une idée de la haute portée scientifique du livre par le passage suivant :

« Ce que nous avons établi pour suivre nos spéculations mécaniques est au fond *analogue* à ce qu'on dit quand on affirme que les actes en général d'un individu se produisent *nécessairement* par l'action de la résultante des *motifs* (comme force motrice) sur le *caractère* de l'individu qu'ils sollicitent. Il me semble que l'être abstrait et simple que nous avons appelé ici l'*individu* ne doit pas être conçu comme cause de son propre changement d'état de mouvement, sans l'intervention d'aucune force psychique ; de même qu'il ne peut pas être conçu agissant sans motifs. Et il semble indubitable que l'acte qu'un homme *libre* réalise *par sa volonté* est *nécessairement* dans la direction et le sens du motif le plus puissant *pour lui* ; c'est-à-dire que sa volonté s'oriente dans cette direction et ce sens, — ou, mieux, dans la direction et dans le sens de la *résultante* de tous les motifs. Chacun de ceux-ci aura d'ailleurs l'intensité que lui attribuera le *caractère* de l'homme même. Pour moi, *la liberté d'indifférence* dont parlent quelques-uns est inconcevable, parce qu'un individu ne peut laisser de vouloir ce qu'il veut ».

Tout cela contraste fortement avec la façon superficielle et hésitante dont on traite généralement les principes sociologiques. C'est comme une bouffée d'oxygène qui vient régénérer nos poumons.

LESTER F. WARD.

INTRODUCTION

Depuis qu'Auguste Comte exposa dans ses *Leçons de Philosophie positive* le concept d'une *physique sociale* et songea à une science nouvelle qu'il nomma sociologie, lui-même suggéra l'idée (que beaucoup d'autres ont développée depuis) d'une mécanique de la société, avec ses trois sections : cinématique, statique et dynamique. Elle formerait une branche de la sociologie pure ou abstraite, et elle pourrait constituer une science particulière pour l'étude des mouvements ou de l'équilibre produits dans les sociétés — quelles qu'elles soient — au moyen de forces, de nature psychique, que beaucoup d'auteurs appellent des forces sociales. De Greef dit que la sociologie abstraite doit rechercher les lois générales qui résultent des relations des hommes entre eux, indépendamment des formes transitoires que ces relations ont ou ont eues dans les sociétés particulières actuelles ou passées.

Pour ma part, je crois bien possible de constituer une mécanique sociale abstraite, lorsque je pense que la mécanique rationnelle est une science générale des *êtres de raison*, dans laquelle les forces apparaissent comme des abstractions. C'est sur cette pureté que se base précisément l'excellence de la mécanique rationnelle, parce qu'elle permet que ses principes et ses théorèmes soient appliqués à toute espèce de forces de la nature.

C'est ainsi que, par exemple, en regardant les astres comme de simples points matériels de différentes masses et en admettant que les forces qui influent sur eux sont celles de la gravitation universelle qui se rattachent à la loi de Newton, on constitue l'astronomie comme une science positive abstraite ; et voilà une mécanique où l'on a pu appliquer dans leur langage mathématique et en toute leur pureté, les théorèmes de la mécanique rationnelle, pour découvrir les lois des mouvements des astres et, par conséquent, leurs positions futures. Ces prédictions sont constatées et vérifiées dans la suite par les observations.

Dans la *mécanique appliquée* aux systèmes matériels de la nature qui nous entoure, où les corps naturels ne sont plus des *êtres de raison*, on applique aussi les théorèmes de la *mécanique rationnelle* ; mais l'obscurité des lois qui régissent les forces moléculaires de tout genre, empêche que cette science d'application puisse être aujourd'hui exactement comparable à la *mécanique céleste*. Néanmoins, les théorèmes de la *mécanique rationnelle* donnent chez elle une première approximation, que les sciences physiques peuvent ensuite remplacer par d'autres lois de plus en plus approchées.

D'ailleurs, si les principes et les théorèmes de la *mécanique rationnelle* peuvent être appliqués à toute espèce de forces, il paraît qu'ils doivent aussi l'être à celles de nature psychique, appelées *forces sociales*. Mais pour cela il faudrait (en se fondant sur des suppositions spéciales) que l'on pût :

1º bien définir les points d'application, en déterminant d'une manière précise leurs positions ;

2º déterminer les directions et les sens dans lesquels agissent les forces ;

3º définir les masses des individus et des éléments sociaux ;

4º concevoir comme mesurables les intensités des forces psychiques, quoique leur essence intime nous soit inconnue (comme il arrive toujours pour tout genre de forces de la nature).

L'essence des choses est toujours insaisissable pour l'homme ; car la réalité n'existe pour nous que dans nos représentations intérieures. Mais les sciences sont, en dernier lieu, — comme dit Henri Poincaré — des systèmes de relations entre les choses ; elles ne nous éclairent pas sur la nature dernière des phénomènes, mais sur leurs relations permanentes, telle qu'elles sont données pour l'homme même. Selon Le Dantec, en effet, ce que nous appelons *les choses* ne dépend pas seulement de la nature du monde, mais aussi de la nature de celui qui les décrit. Soit, par exemple, une relation constante aperçue en nous et par nous, et exprimée — pour nous — par une loi conforme aux méthodes scientifiques. Nous la supposons aperçue de la même façon par les autres hommes, qui la connaissent scientifiquement. Il est bien naturel que nous la considérions comme une loi qui révèle l'harmonie de l'Univers, bien que cette loi existe pour nous et par nous : En effet, dans la nature même, ce qui existe, ce sont des cas d'espèce, des phénomènes isolés qui se répètent.

Henri Poincaré a dit naguère : « Si la complexité du monde n'était pas harmonieuse, notre esprit ne verrait que des détails, à la façon du myope, et il serait obligé d'oublier chaque détail pour examiner le suivant, car il serait incapable de tout voir à la fois ; voilà pourquoi c'est l'ordre, dans la complexité, qui la fait saisissable ».

On doit remarquer aussi que *les choses* parmi lesquelles on recherche des rélations scientifiques abstraites ne sont — à vrai dire — que des symboles ; car en les désignant, nous envisageons seulement l'*état fugitif* par où elles passent (selon notre point de vue) à un moment donné, où bien nous nous rapportons à la *loi* de *variation* de la chose dont on parle. A ce dernier point de vue, il ne s'agit pas seulement d'un symbole abstrait, mais il est encore *purement mathématique*, comme expression d'une fonction de beaucoup de variables qui sont en relation de dépendance mutuelle avec celle qui est considérée.

Nous allons, dans cet ouvrage, tenter d'assimiler les mouvements sociaux — envisagés à un point de vue tout particulier — aux mouvements des systèmes matériels étudiés en mécanique. Dans ce dessein, nous considérerons les faits sociaux comme des phénomènes naturels (1) et en admettant qu'on puisse arriver un

---

(1) Nous donnons à ce mot sa signification la plus ample.

jour au moyen de la *psychologie expérimentale*, à préciser et à déterminer tout ce que nous avons dit plus haut.

Cela est absolument nécessaire comme base pour pouvoir *transporter* (qu'il nous soit permis de nous exprimer ainsi) les lois générales et abstraites du mouvement et des forces du monde réel de l'espace, dans le monde également effectif, quoique psychique, des questions sociales. On devrait établir cette base après une étude directement faite par la psychologie et la sociologie, aidées par la statistique, puisque la mécanique est impuissante à faire ces recherches que d'autres principes doivent diriger et que d'autres moyens, propres à ces sciences, doivent présider. Je comprends bien que l'ordre logique devrait être tout autre, savoir : établir d'abord les bases psychologiques et sociologiques, obtenues et affermies par une étude directe de l'homme et de la société, et y appliquer alors les lois de la mécanique. Mais comme ces sciences ne nous fournissent pas encore ce qui est nécessaire, je dois supposer que nous y parviendrons un jour, ce qui indique déjà que ma prétention est quelque peu téméraire, ou du moins prématurée. Mais comme j'entrevois la possibilité d'appliquer les lois pures de la *mécanique rationnelle* aux individus et aux groupements d'individus, j'ai adopté comme point de départ les suppositions que j'ai crues propres à diriger les raisonnements. Il est évident, d'ailleurs, que si l'on démontrait un jour l'impossibilité absolue d'établir les bases pour la constitution positive de la mécanique sociale, telle que je l'ai conçue, toutes les théories que trouvera le lecteur dans ce travail seraient inutiles. Mais on doit se souvenir de ces mots du Dr Maudsley : « Quels seraient notre joie et notre triomphe si l'on parvenait un jour (et cet espoir n'a rien d'insensé) à mesurer, à l'aide d'instruments délicats, les énergies qui se manifestent dans la conscience sous les formes de sentiments, d'idées et de volitions » ! (Chap. 1er de la *Physiologie de l'esprit*).

Nous nous proposons de transformer en moyens logiques pour l'étude de la mécanique sociale, les résultats scientifiques obtenus par la mécanique rationnelle : celle-ci s'occupe, selon Auguste Comte, après l'arithmétique et la géométrie, du mode le plus simple et le plus universel de l'existence, et ce mode doit se retrouver spontanément dans les autres modes d'existence plus composés, comme ceux de l'individu et des groupements humains, envisagés d'abord au point de vue biologique et, ensuite, au point de vue psycho-sociologique.

Le sociologue américain Albion Small est d'avis que toutes les sciences qui découvrent et formulent les lois des processus qui s'accomplissent dans les ordres précédant l'ordre social, doivent formuler leurs lois assez minutieusement pour qu'elles puissent s'incorporer à la sociologie. Quant à moi, je crois que les lois mécaniques appartiennent à ce genre-là. Voilà pourquoi les images et les concepts de la mécanique rationnelle sont peut-être capables (formulés au moyen du symbolisme mathématique) de servir à imaginer et comprendre les phénomènes psycho-sociaux dans leur *aspect mécanique*, en construisant, pour ainsi dire, le modèle mécanique (dont parlait lord Kelvin) qui faciliterait l'intelligence de ces phénomènes.

Les sociologues qui ont écrit sur la mécanique sociale ont généralement développé leurs idées au point de vue des *qualités* des forces qui agissent sur les individus en société, et en envisageant aussi les buts ou les tendances économiques, morales, etc.

Cette façon d'envisager la mécanique sociale est tout à fait différente de celle que je prétends suivre. J'étudierai donc seulement le moyen d'action des forces psychiques, indépendamment de leur nature spécifique, puisque, à mes yeux, ces forces seront de *pures abstractions*, comme celles de la *mécanique rationnelle* (ce qui concerne les *buts* étant, d'ailleurs, totalement étranger à notre étude).

Il est, à mon avis, du ressort de la sociologie appuyée sur toutes les sciences — d'étudier les forces sociales dans toutes leurs variations, toutes leurs diverses qualités, pour pénétrer, s'il est possible, dans tout le processus de l'association humaine ; mais il me semble que la mécanique doit se borner à l'étude de l'action (statique ou dynamique) des forces sur les individus et les groupements sociaux.

Dans ce que les sociologues appellent la *dynamique sociale*, on comprend l'étude de l'évolution des structures des sociétés ; et voilà une question qui semble dépasser les bornes de ce qui est purement mécanique.

L'éminent professeur Ernst Mach considère comme le résultat d'un préjugé la recherche de l'explication mécanique des phénomènes de la nature ; il qualifie d'absurde l'application des concepts mécaniques à d'autres genres de phénomènes qu'à ceux qui sont l'objet propre de la mécanique, parce que — dit-il — ces concepts n'ont été développés que *pour* l'exposition des faits mécaniques, et non *pour* celle des faits physiologiques ou psychologiques. Soit ! Mais, dans la *mécanique rationnelle*, on expose tout simplement un *seul aspect* des phénomènes de l'Univers, et je ne parviens pas à comprendre la raison qui empêche que les lois mécaniques *abstraites* ne puissent être appliquées aux phénomènes psychiques, si l'on considère ceux-ci seulement sous leur aspect mécanique. Si l'on pense aux causes ou aux forces qui produisent des modifications psychiques chez les individus ou les groupements d'individus, il est possible — à mon avis — de rechercher la manière dont se réalisent dans le temps ces modifications ou changements, et de voir si les lois de la *mécanique rationnelle* y sont applicables.

Selon Spencer toute véritable *généralisation* amène communément avec soi, non seulement une explication des faits ou de la série de faits qui ont été étudiés pour la découvrir et la formuler, mais aussi celle de quelque autre série de faits différents qui, au premier abord, semblaient ne pas pouvoir entrer dans cette généralisation. D'après la conception de Spencer, je vois, par exemple, que la généralisation sur la vitesse — (lorsqu'on étudie en cinématique le mouvement d'un point dans l'espace) — sert à d'autres faits différents, et en général, à tous les changements quantitatifs (de n'importe quel genre), qui peuvent sè réaliser par loi de continuité dans le temps.

Le professeur Ostwald dit dans son livre sur l'Energie que M. Ernest Solvay avait déjà eu l'idée d'appliquer la science de l'Energie aux phénomènes sociaux. De cette application cet éminent professeur s'occupe dans la dernière partie de son livre.

En tâchant d'appliquer la *mécanique rationnelle* à des êtres et des forces psychiques, notez bien que les concepts purs de la mécanique n'ont d'autre réalité que celle qu'ils atteignent dans notre pensée ; qu'ils peuvent servir à nous représenter la liaison et la succession des faits sociaux au point de vue de leurs rapports de dépendance mutuelle (si l'on considère les phénomènes psychiques communs à tous les hommes dans ces rapports mutuels). L'aspect mécanique serait ainsi comme abstrait de la réalité sociale. Mais il ne faut pourtant pas prétendre que, par ces concepts, on puisse expliquer toute la réalité sociale dans son développement. Cette prétention serait vaine, même lorsqu'il s'agit de phénomènes purement physiques, puique l'aspect mécanique abstrait du phénomène physique ne peut pas l'expliquer complètement .Cet aspect, nous le répétons encore, est une abstraction comme l'aspect géométrique en est une autre.

Parmi les sociologues, il est généralement admis aujourd'hui que la sociologie peut arriver à se classer au nombre des sciences. Ils croient en effet que les phénomènes sociaux obéissent à des lois, et que, si ces lois ne sont pas encore formulées, c'est parce que les faits ne sont pas assez connus, par suite de la complexité de leur caractère psychique.

Ostwald dit qu'on ne doit jamais renoncer à l'espoir de pouvoir expliquer un jour scientifiquement un phénomène, ni d'atteindre telle ou telle conquête scientifique ; car tout fait qui tombe dans le champ de notre observation accomplit par ce seul fait la condition nécessaire pour que nous le connaissions de plus en plus, c'est-à-dire pour qu'il soit soumis au pouvoir de la science.

On a dit avec raison que les phénomènes météorologiques, par exemple, qui sont assez mal connus, n'en sont pas moins justiciables de la méthode scientifique et qu'ils n'en obéissent pas moins à des lois uniformes et invariables ; et l'on a remarqué, d'autre part, que certains phénomènes sociaux, tels que les mariages, les naissances, les suicides, la criminalité, etc. semblent, selon les statistiques démographiques, obéir à des lois régulières et déterminées, si l'on groupe ces faits en grands nombres. Quand, en effet, on considère le cours des événements humains à la lumière de la loi des grands nombres, si l'on a pris soin d'en exclure les accidents individuels et les influences perturbatrices, on aperçoit très clairement que des lois s'y révèlent, aussi invariables que dans le monde des phénomènes purement physiques ; de telle façon que la courbe de chacun de ces faits sociaux semble résulter *nécessairement* de la manière d'être des individus qui constituent un groupement social à un moment donné, et de toute l'organisation de la Société que l'on considère. En exerçant une influence quelconque sur ces causes et en les modifiant, il est possible d'influencer ces courbes qui représentent leurs effets.

Quant à la méthode, il convient de se rappeler que si la mécanique a été une science inductive dans les débuts de son développement historique, et si l'on se doit servir pour sa constitution, de l'observation et l'expérience employées par toutes les sciences physiques, nous la retrouvons aujourd'hui comme une science éminemment déductive construite sur les entités de la mécanique rationnelle, où la mathématique avec son analyse infinitésimale remplit le principal rôle. Cela permet déjà ce que Mach appela dans sa phrase si célèbre l'*économie de la pensée*, c'est-à-dire le moindre effort intellectuel.

Quoique les raisonnements se fassent toujours en *mécanique rationnelle abstraite* sur de simples *êtres de raison*, il faut noter que ses recherches ne visent pas métaphysiquement aux causes essentielles, mais aux *lois réelles* du phénomène naturel du mouvement. L'observation de ce qui peut arriver, comme phénomène naturel, chez les individus et les groupements sociaux, pourra nous servir comme méthode de vérification (de l'exactitude ou probabilité en certains cas, de la fausseté dans d'autres) des propositions abstraites de la *mécanique sociale* que l'on peut formuler, en se fondant sur les théorèmes de la *mécanique rationnelle*. John Stuart Mill, après avoir indiqué que les phénomènes sociaux dépendent des actions des hommes, ainsi que des circonstances extérieures dont le genre humain subit l'influence, dit que la *méthode de déduction* est la seule qui puisse être appliquée à l'étude des faits sociaux ; mais fondée, naturellement, d'une part, sur les lois de l'activité humaine (1), et d'autre part sur les propriétés des choses extérieures qui constitueront l'objet de toutes les sciences physiques et naturelles. Selon Stuart Mill, pour obtenir ces lois et ces propriétés, la méthode inductive pourra nous servir.

Auguste Comte, lui-même, reconnaît (dans sa théorie hiérarchique des sciences) que les considérations qui dans les sciences complexes se dérivent des sciences plus générales ont une telle importance que leur introduction judicieuse conduit à rendre essentiellement déductives beaucoup de notions fondamentales qui, dans les sciences isolées, ne sauraient être qu'inductives.

Dans le présent travail, nous nous sommes abstenus rigoureusement d'émettre des considérations philosophiques à propos des premières notions d'espace, de temps, de force, etc., auxquelles, sans doute, se rapporteront nécessairement nos spéculations. En effet, bien que ces considérations ne risquent point pour nous de dégénérer en métaphysique, elles nous éloigneraient beaucoup de notre but ; c'est pour cela que nous nous sommes écartés de tout genre de conceptions philosophiques. Comme mon travail n'est qu'un travail de simple exposition, le lecteur ne doit pas être surpris d'y trouver une certaine apparence didactique ou dogma-

_____

(1) A mon avis les lois dont parle Stuart Mill, doivent être étudiées par la psychologie physiologique.

tique. Ce n'est pas que je pense en aucune façon que le point de vue où je me suis placé doive être accepté sans discussion : je crois, bien au contraire, qu'il y aura bon nombre de gens qui répugneront à l'admettre. Mais (bien étranger à tout esprit de polémique) j'ai tâché de faire l'exposition en suivant les traces de la *mécanique rationnelle classique*, telle qu'elle est exposée dans les cours élémentaires. A cause de cela, et pour aucune autre raison, une certaine forme didactique apparait.

En achevant cette introduction, je ne puis m'empêcher de songer que peu de gens seront satisfaits de mon effort. Les hommes de science positive, les mathématiciens, physiciens ou naturalistes n'y verront pas une œuvre scientifique à proprement parler ; ils le considéreront peut-être comme une fantaisie sur des motifs de la *mécanique rationnelle* (1) ; i's penseront, en outre, que sur plusieurs points la précision et la ri-

(1) M. Eduardo Saavedra a écrit ces mots qui m'encouragent : « Les créations artistiques, de même que les créations scientifiques, procèdent de la source inépuisable de la fantaisie ». Ernest Mach, lui-même, dit : « Dans l'ordre scientifique abstrait, l'imagination peut exercer son action sur les concepts purs, en se laissant conduire par les associations et en faisant les choix convenables ». Et l'éminent Professeur J. R. Carracido a dit dans un récent discours : « dans le monde physique et psychique, les images sont la source la plus riche de nos connaissances, et la fantaisie la faculté spirituelle de plus grande portée, pour la perception de l'inaccessible à nos sens et pour mettre en rapport les données incohérentes de la simple observation », et, plus loin, il ajoute : « l'eurythmie des constructions scientifiques est l'œuvre des hypothèses et des images composées par la fantaisie pour satisfaire aux exigences du raisonnement ».

gueur que l'on pouvait se croire en droit d'exiger font défaut. Les sociologues, d'autre part, penseront que toute la charpente mathématique qui vient de la *mécanique rationnelle*, est superflue, que cette charpente non seulement ne sert pas, à leur avis, à l'objet qu'on se propose, mais encore embrouille les questions (qu'ils étudient par d'autres procédés qu'ils croient plus convenables). Enfin le grand public pensera, avec raison, que ces « Essais » sont obscurs et indigestes parce que je n'ai pas su manier le style que l'on doit employer pour la vulgarisation scientifique.

Pardonnez-moi tous, amis lecteurs, de n'avoir pu donner satisfaction à aucune de ces trois exigences.

MÉCANIQUE SOCIALE

IDÉES PRÉLIMINAIRES. — DÉFINITIONS. HYPOTHÈSES

I

En considérant chaque société comme un tout constitué par des individus et des collections partielles d'individus liés entre eux de façon déterminée, on remarque qu'il existe d'étroits rapports entre tout ce qu'il y a de scientifique, d'artistique, d'économique, de juridique, de politique, de religieux, de moral, etc. Et cela est bien naturel, car tous ces divers genres de questions, de caractère social, se présentent simultanément dans leur psychologie collective, qui est comme une synthèse des psychologies des individus. Ces différents genres de questions sont également en rapport entre eux, pour chaque individu, et se retrouvent simultanément dans la psychologie individuelle.

Il y a, chez les individus de chaque espèce animale, une psychologie qui est spécifique ; presque toutes les espèces animales vivent en groupements d'individus sur lesquels influent des forces psychiques, de la même façon que sur les groupements d'hommes. Mais comme l'espèce humaine est celle qui offre le plus grand développement de ces forces (agissant comme des forces sociales), nous nous rapportons toujours aux groupements humains pour tout ce que nous aurons à dire à propos de la *mécanique sociale* (1).

Pour une étude purement et exclusivement mécanique, il est indifférent que tous les phénomènes de caractère social soient ou non dérivés de la question économique, ou que ce fait ou un autre soit ou non le fait social primitif. Ces questions de principes, qui pourraient être très intéressantes pour la sociologie, n'ont point d'importance pour nous, comme nous allons

(1) Par les études biologiques on a pu établir, comme loi générale, que les individus des espèces animales dont la vie active est régie presque exclusivement par des instincts hérités, peuvent presque dès leur naissance, vivre par eux-mêmes ; et que les individus des espèces qui devront acquérir pendant leur vie des connaissances, de nouvelles habitudes, etc., naissent, au contraire, privés de la possibilité de vivre immédiatement par eux-mêmes, état qui se prolonge chez eux assez longtemps. La capacité d'apprendre est minime chez les insectes (qui se trouvent dans le premier cas) et arrive au maximum chez l'homme (qui se trouve dans le second cas). Chez l'homme ce n'est pas l'héritage naturel qui est peut-être le plus important, mais bien tout ce qu'il acquiert par l'expérience, et grâce aux forces psychiques dont nous parlerons plus loin. Voilà pourquoi le psychologue américain Baldwin dit que la conscience se donne chez l'homme dans sa forme la plus élevée ; car pour réussir à l'apprentissage ou à la modification, il se produit chez l'enfant une attention soutenue par des efforts répétés. C'est pourquoi la matière grise du cerveau de l'homme est très instable et très plastique ; et dans son organisation successive pendant la vie, tout ce que l'homme acquiert par les efforts et les expériences s'y enregistre, pour ainsi dire ; mais cet ordre de considérations est étranger à notre tâche.

le voir. Lorsque nous considérons l'aspect mécanique de chaque phénomène social déterminé, il importe peu que ce phénomène appartienne à telle ou telle des catégories dont nous avons parlé plus haut.

La recherche des lois auxquelles pourraient obéir les individus et les groupements sociaux dans un phénomène d'un genre donné, appartient à la science particulière qui en formerait son objet spécial ; mais il peut y avoir une science plus générale et compréhensive, qui ait pour but de rechercher les lois générales qui régiraient les modifications des individus et des groupements, sous l'action de forces psychiques, quel que soit le genre de phénomènes considéré (1).

C'est de cette façon générale que nous concevons la mécanique sociale comme une branche de la sociologie abstraite. Beaucoup de sociologues découvrent des ressemblances et des caractères communs entre les groupements sociaux psychiquement considérés, et les organismes animaux, — spécialement le corps humain (qui est l'organisme le plus parfait) Pour l'étude de la structure, de la physiologie et de la vie, ils n'hésitent pas à considérer les groupements sociaux comme des organismes naturels, et à analyser ainsi le processus de leur développement et de leur vie.

Quelques-uns, comme Lilienfeld, ont même dit que cette analogie ne devait pas être conçue dans un sens figuré, mais bien dans un sens parfaitement réel. (Il

____

(1) Le professeur Simmel dit que les lois de l'association en général pourront être découvertes, si l'on voit ce qu'il y a de commun dans les diverses associations humaines qui existent avec des fins spéciales, tantôt économiques, religieuses, politiques, etc., etc.

est juste d'ajouter toutefois que ce sociologue a abandonné depuis, cette extravagante position intellectuelle), D'autres, comme M. Francisco Giner, croient que l'organisme social n'est pas physiologique, mais psycho-physique. Mais toute cette étude des organes, de leurs fonctions, de leurs rapports mutuels et de leurs rapports avec l'être du groupement social, etc., est absolument étrangère à ce que nous tâchons d'étudier dans le présent travail.

De même qu'il serait possible de faire abstraction de la complexité organique du corps d'un animal, en le regardant tout simplement comme un système de points matériels et de le voir soumis, par l'action de forces physiques, aux lois de la mécanique pour son équilibre ou son mouvement dans l'espace (quoique parfois cette conception puisse paraître abusive) ; de même il serait possible de faire abstraction de la disposition organique qui existerait dans un groupement social comme être vivant, de la façon dont chaque organe remplit sa fonction en collaborant ainsi à la fin commune de l'organisme entier (par le principe de la division du travail), etc. ; de s'écarter — en un mot — de tout ce qui se rapporte à la vie du groupement social et aux lois biologiques, pour le considérer comme un système d'individus et de collections partielles d'individus, sur lesquels s'exerceraient des influences d'une nature psychique, qui agiraient comme des forces, et tenter — selon des conventions spéciales — d'y appliquer les principes et les théorèmes de la mécanique rationnelle.

Dans cette étude purement mécanique, nous ne nous attacherons pas à tout ce qui pourra être l'objet des sciences sociales particulières appuyées sur la sociologie ;

de même que pour l'étude mécanique du corps d'un animal, nous ne nous attachons pas davantage à ce qui a trait à son organisation pour la vie et qui constitue l'objet propre des sciences dites naturelles, parmi lesquelles nous comptons la psychologie.

Quoi qu'il en soit — et revenant à ce que nous disions — on remarque que chez les individus, comme dans les groupements sociaux, chacun de ces genres de phénomènes de caractère social est influencé par tous les autres et influe à son tour sur tous : ce qui démontre la solidarité dans le psychique, tant individuel que collectif. Mais, pour l'étude, nous devrons considérer seulement *un phénomène déterminé*, scientifique, économique, politique, ou religieux, etc., pour voir, quant à ce seul phénomène, ce qu'il peut avoir de mécanique, c'est-à-dire, tenter de faire l'application des lois de la mécanique à *l'équilibre ou mouvement dans ce phénomène*, des individus et des groupements sociaux.

Quoique dans chaque fait social, tous ou presque tous les genres de phénomènes aient lieu simultanément et s'interpénètrent, nous jugeons indispensable de considérer abstraitement le fait sous un seul de ses aspects sociaux (n'importe lequel): car la complication serait énorme si l'on tentait d'appliquer les lois mécaniques au fait social dans toute sa complexité. Il convient, cependant, de ne pas oublier que chaque aspect est influencé, comme nous l'avons dit, — par tous les autres.

Nous considérerons les hommes sous l'aspect individuel, et sous l'aspect de groupements sociaux tels qu'ils se présentent à nous aujourd'hui dans les sociétés civilisées, sans nous arrêter à des considérations sur l'origine, l'histoire, etc., qui constituent autant de questions sociologiques étrangères à l'étude que nous nous sommes proposée.

En pensant à l'être collectif d'un groupement social donné, nous remarquons que, si les individus et les éléments sociaux qui le constituent se renouvellent, de même que certaines parties constitutives de l'organisme d'un animal (au point que dans un certain temps toutes ses parties ont changé), du moins y a-t-il d'autres choses fondamentales dans le groupement, en tant qu'être vivant, qui persistent à travers tous ces changements réalisés. Ce point de vue, très intéressant pour la sociologie, ne doit pas trop arrêter notre attention ici, car il nous éloignerait trop des lois purement mécaniques.

Quand nous parlerons de groupement social, nous entendrons par là une entité constituée par des individus, et par des collections partielles d'individus, liés entre eux, par des moyens bien définis pour tous les phénomènes de caractère social. Ainsi, la famille, la municipalité, la province ou la région, la nation (1), sont pour nous des groupements sociaux à des degrés successifs. La race et l'humanité pourraient peut-être aussi être considérées comme des groupements sociaux.

Avant de donner la définition de ce que nous entendons par *mouvement dans un phénomène* de caractère

---

(1) C'est ce que M. Gumersindo Arcárate appelle *des personnes sociales totales*. Nous n'adoptons pas cette dénomination parce que notre étude est exclusivement mécanique ; et par conséquent, elle est, en certaine mesure, étrangère au concept de *personne*.

social, commençons par remarquer que, dans chaque individu il y a; à un moment donné, un ensemble psychique d'idées, de connaissances, de sentiments, d'habitudes, une certaine trempe de volonté pour l'action, etc. *dans ce phénomène* dont nous parlons ; et que, dans tout cela, il règne une espèce d'homogénéité mal définie peut-être, mais qui dérive du phénomène même auquel se rapporte la partie psychique, considérée dans cet ensemble (1). Il y a donc, de même, dans tout groupement social, un ensemble d'institutions établies, de connaissances, d'art acquis ; il y a un certain sens moral, etc., et tout cela, en rapport avec *un même phénomène*, nous pouvons le considérer, quoique vaguement, comme un ensemble, où l'on trouve aussi — en quelque sorte — quelque homogénéité.

Afin de pouvoir conserver les propositions de la *mécanique rationnelle* avec les mêmes termes qu'on y emploie, nous donnerons aux mots *position* (d'un individu ou d'un groupement social) dans tel ou tel cas une signification qui correspondrait à quelque chose d'analogue à *la position dans l'espace* d'un point ou d'un système de points. Nous appellerons *position* d'un individu ou groupement relativement à un phénomène donné *à un instant donné : l'ensemble de tout ce qu'il y aura de psychique de quelque façon que ce soit, dans cet instant, chez l'individu ou dans le groupement et qui se rapporte au phénomène dont il s'agit.*

(1) Durkheim dit que ces catégories psychiques ont une certaine valeur de faits sociaux, en tant que les autres hommes avec lesquels l'individu a vécu en commun ont influé sur la constitution de ces catégories. Cela ne nous intéresse pas à présent ; nous nous en occuperons plus loin.

Ne nous attachant qu'à l'application théorique dont nous allons tenter l'esquisse, nous ne nous arrêterons pas à justifier, pour l'instant, cette dénomination. Je regrette de ne pas trouver un autre mot que celui de *position*, pour exprimer ce que je veux indiquer. Le mot *état* correspond, en mécanique, non seulement à ce que nous avons appelé position, mais aussi à ce que nous appellerons *vitesse*. C'est pour cela que nous dirons plus loin *état de repos*, pour indiquer qu'un individu a une vitesse nulle, quelle que soit sa position dans un système à un instant donné. *L'état de mouvement* exige — pour être quelque chose de bien défini — non seulement la connaissance de ce que nous avons appelé *position*, mais encore la connaissance de la vitesse dans le même instant. Cela sera éclairci plus loin.

Si dans une relation d'ordre scientifique — par exemple — nous considérons un individu parmi ceux qui s'en occupent, nous dirons que cet individu a, à un instant donné, sa *position déterminée dans cet ordre d'idées*. Cette position se manifeste :

Par ses connaissances et ses idées actuelles sur l'objet de l'étude ; par son habitude (d'une valeur actuelle) de la considérer à un certain point de vue ;

Par les sentiments qui accompagnent en lui actuellement ces connaissances et ces habitudes ;

Par le ton actuel de sa volonté, etc.

On pourrait en dire autant, quand il s'agit d'un individu, dans n'importe quel autre genre d'affaires — politique, juridique, économique, religieuse, morale, artistique, pédagogique, etc. (1).

____

(1) Quant à la définition que nous avons donnée de la *position de l'individu dans une relation*, nous devons faire remar-

Si nous considérons une nation comme un cas particulier de groupement social, et si nous la considérons dans une affaire du genre politique, par exemple, nous dirons, également : qu'à un instant donné, cette nation a sa *position déterminée dans l'affaire*, et que cette position est exprimée par tout l'ensemble psychique — (dont nous avons parlé) — d'idées, de sentiments, d'aspirations etc., individuelles et collectives, aussi bien des hommes que des éléments sociaux dont nous parlerons plus loin et qui enlacés entre eux et avec les indivi-'. dus constituent le groupement national. Il est entendu que ces idées, ces désirs, ces sentiments devront se rapporter à la relation politique dont il s'agit.

La différence qui existe entre ce que nous appelons ici *position d'un individu dans une relation donnée* et

quer que ce qui existera dans un individu en un instant quelconque peut se trouver : ou bien dans la conscience (qui est ce qu'il y a de strictement psychique), ou bien submergé au fond de l'inconscient ou subconscient. Mais comme d'après les psychologues les plus éminents l'inconscient a une valeur aussi réelle et aussi effective que le conscient, on doit le comprendre dans ce que nous avons appelé *position de l'individu dans la relation considérée* ; et c'est plus fondamental — comme dit Ma idsley — que ce qu'il a dans les états de conscience, et qui serait, par suite, strictement psychologique.

En considérant donc la position de l'individu dans une relation, on voit que c'est en réalité en un instant donné, la même chose que l'abstraction mentale que (selon Maudsley) nous appelons notre *moi en cet instant*, qui est : « une combinaison qui contient tous les résidus de toutes les pensées, de tous les sentiments et de toutes les volitions précédentes, combinaison qui change continuellement ».

Ce changement de la position par la loi de continuité dans le temps est ce que j'appellerai plus loin *mouvement de l'individu dans une relation donnée*.

la position d'un point géométrique dans l'espace, réside
en ce que celle-ci est simple — pour ainsi dire — tandis
que celle-là est composée, car elle comprend tout ce
qu'il y a de psychique par rapport à la relation considérée, dans l'individu à un instant donné, et se
compose par conséquent d'éléments très variés (1). Nous
pouvons, cependant, la concevoir comme *symbolisée*
par la position qu'un point occupe dans l'espace à un
instant donné.

On observe la même différence entre ce que nous
avons appelé *position d'un groupement social dans une
relation donnée* à un instant considéré et celle d'un système de points dans l'espace. Celle-là vise comme celle-
ci à l'ensemble de tous les individus et des multiples
éléments sociaux qui constituent le groupement ; mais
la position de ces individus et de ces éléments dans
la relation susdite est composée, comme nous l'avons
dit. La position qu'un système de points occupe à un
instant donné nous servira — malgré ces différences —
comme *un symbole* de la position dans un groupement
social dans un instant donné et dans une relation
donnée.

Naturellement chaque point, avec sa position dans
l'espace, est le symbole d'un individu ou élément social
avec sa position dans l'affaire. Les positions simultanées
(à un instant donné), dans l'espace, des divers points qui
constituent un système matériel sont de *simples symboles
géométriques* des diverses positions où se trouvent — à

____

(1) Nous n'entrons pas dans des discussions de psychologie
à propos de ces composants psychiques, et nous employons
le mot *composée* dans le sens vulgaire et courant du langage
ordinaire.

cet instant — dans une relation donnée les individus
et les éléments sociaux qui constituent le groupement,
puisque ces positions dont nous parlons ici sont conçues
comme des composés psychiques *étrangers à l'espace* (1).

Si nous concevions que la position d'un individu ou
d'un groupement dans une relation donnée fût invariable dans le temps — c'est-à-dire qu'elle n'éprouvât
de changement ni de *modification aucune* dans le cours
du temps —, nous dirions que cet individu ou cette
société se trouverait en *état de repos dans la relation
considérée.*

A cette position invariable *correspondrait* une façon
déterminée de penser, de sentir, et de se conduire dans
le cas considéré, et cette façon déterminée ne se modi-
fierait pas ; elle serait constante dans le temps.

Si, au contraire, la position dans la relation change
avec le temps, c'est-à-dire si elle se modifie par loi de
continuité tandis que s'écoule le temps (par loi de continuité aussi), nous dirions, socialement parlant, que l'individu ou le groupement social se trouve en *état de
mouvement dans la relation considérée.* Ce mot *mouvement* exprimera donc ici pour nous, ce qu'il peut entrer
de modifications ou de changements dans la *position*
de l'individu ou de la société dans la relation dont il
s'agit ; et, à ce changement, correspondront des modifications dans la façon de penser, de sentir, et de se
conduire.

En bornant notre attention à un seul individu (pour

(1) Nous définirons plus loin ce que nous entendons, en
général, par *éléments sociaux* ; et nous dirons comment nous
concevons qu'ils puissent être symbolisés géométriquement par
des points.

simplifier) et en concevant qu'il soit en mouvement dans une relation donnée, nous devons penser qu'à partir d'un instant donné, le mouvement de modification a lieu dans une certaine *direction et un certain sens déterminés* ; et cette notion acquise par l'expérience correspondra dans la représentation géométrique à une direction et un sens lorsque un point se meut dans l'espace. Pour expliquer la signification que nous donnons ici aux mots *direction et sens* — en parlant de ce qu'il y a de psychique — nous pouvons dire que parmi les innombrables orientations possibles des modifications, à partir d'une position donnée, celle qui se réalise a une orientation déterminée (entre toutes les orientations infinies possibles) et celle-ci est ce que nous appelons *direction du mouvement dans le cas considéré.*

Et de même que, dans chacune de ces directions dans l'espace, il y a les deux sens opposés, et que pour définir l'élément de trajectoire d'un point, il faut dire dans lequel des deux sens se trouve cet élément de trajectoire, de même, pour définir un *mouvement élémentaire* déterminé — quant au psychique — on doit également dire dans *lequel* des deux sens il se réalise, puisque la seule direction dans la relation donnée ne suffit pas à déterminer quel sera ce mouvement élémentaire.

Afin d'éclaircir ce qui précède au moyen d'exemples, considérons l'individu au point de vue religieux. La position dans ce genre de relations se compose, à un instant donné, d'un ensemble d'idées (vraies ou fausses) qui, senties d'une certaine façon, ou, pour mieux dire, unies à certains sentiments religieux (que les mêmes représentations idéales peuvent provoquer) dépendant de l'état général de l'organisme, produisent des actes religieux volontaires que l'individu réalise. Or, si tout cet ensemble psychique (et aussi l'inconscient — dans lequel il y a une certaine homogénéité) restait inaltérable dans le cours du temps, cet individu, au point de vue religieux, *serait en repos*, puisque sa position religieuse ne changerait pas dans le temps (1).

Mais si, à cause d'une influence psychique quelconque, directe ou indirecte, d'origine interne ou externe (peu importe pour le moment) il s'exerçait sur l'individu des actions qui agissent comme des forces, et si nous supposions que ces forces modifiassent tantôt ses idées ou ses connaissances, tantôt ses sentiments ou ses volitions, etc., c'est-à-dire qu'elles modifiassent sa position religieuse, en y employant un certain temps, nous verrions cet individu *en mouvement religieux* à partir de la position initiale. Le très petit changement qui se réalise en un très petit laps de temps, aura une direction déterminée ; par exemple, la connaissance acquise (connaissance qu'il n'avait pas) de l'intervention ou non intervention directe (dans tous les évènements) du Dieu auquel il croit. Ce mouvement élémentaire dans cette *direction déterminée*, peut être dans le *sens* de l'intervention providentielle ou dans le sens contraire. Un autre individu à l'état de mouvement religieux lui aussi, pourrait se mouvoir dans une autre direction ; par exemple, en modifiant ses idées ou ses sentiments sur les relations du prêtre avec les fidèles pour des actes déterminés. Dans cette direction déterminée, il peut y avoir les deux sens opposés, savoir : l'affirmer ou le nier, la

(1) Cette supposition ne saurait généralement valoir pour les individus qui, vivant dans une société moderne, civilisée, en adoptent, comme l'on dit, la « mentalité ».

renforcer (en la rendant plus intime) ou la relâcher.

Si nous pensons — non plus à un seul individu — mais à un groupement social qui se trouverait *en état de mouvement*, voyons comment on pourrait définir cet état, à partir d'une certaine position dans une relation donnée. Pour cela, voyons le mouvement ou changement qui se réalisera en un très petit intervalle de temps ; c'est ce que nous appellerons le mouvement élémentaire.

Considérons d'abord le groupement comme constitué par des individus. Dans la mécanique des systèmes matériels, les corps sont considérés, en général, comme constitués par des particules suffisamment petites pour que le mouvement de chaque particule soit *unique*, c'est-à-dire, pour que ses parties (s'il en avait) aient toutes le même et *unique mouvement* dans chaque instant ; mais comme il est impossible de dire le degré de petitesse qu'il faudrait pour cela, on tranche la difficulté, en mécanique rationnelle, en regardant la particule comme un *point géométrique matérialisé* (double abstraction) qui est appelé *le point matériel*. Dans la mécanique sociale, l'assimilation de l'individu au point matériel serait, semble-t-il, légitime, puisque le mouvement de l'individu dans une relation donnée est unique à un instant donné.

L'individu *abstrait et idéal* que nous concevrons, est (sous ce rapport) aussi indivisible que peut l'être le point matériel dans la mécanique rationnelle. (Nous reviendrons plus tard sur ce point, dans la Première partie de la Dynamique). C'est ainsi que, pour les études mécaniques, nous regardons tout groupement social comme constitué par des individus.

Mais, en outre, lorsque le groupement social que l'on considère sera d'un degré de complexité plus grand que celui de la famille (premier degré) voici qu'apparaissent déjà, dans sa constitution, non seulement les individus, mais encore les diverses collections d'individus, que — dans le groupement total — nous désignerons du nom générique *d'éléments sociaux*.

Il importe d'expliquer dès à présent ce que nous entendrons par *éléments sociaux* en général, quand nous les regarderons comme constitutifs d'un groupement, conjointement avec les individus : ceux-ci garderont toujours pour nous leur propre individualité, non comme des membres d'une collection partielle quelconque, mais comme des membres du groupement, considéré dans sa *totalité*. Quand nous tâcherons de faire l'application des théorèmes de la mécanique rationnelle à un groupement social considéré comme un *système d'individus et d'éléments sociaux*, il faudra, en outre, considérer le système comme défini, par toutes les liaisons (comme on dit en mécanique) qu'il y a entre individus ou entre éléments sociaux ou enfin par les liaisons des individus avec les éléments.

Les liaisons sont celles qui mettent en rapport les individus et les éléments, en établissant une certaine coordination entre eux. Elles déterminent, pour ainsi dire, la constitution sociale particulière d'un groupement donné. Il est extrêmement difficile (pour ne pas dire impossible), de parvenir à la connaissance détaillée des actions mutuelles intérieures qui s'exercent *directement* entre les individus et les éléments d'un groupement, de même que celles qui résultent *indirectement* en agissant entre eux, par l'intermédiaire des *liaisons*. Nous verrons à la *Deuxième partie de la Dynamique*, que si ces dernières forces intérieures qui proviennent des liaisons, ne peuvent pas être déterminées particulièrement, on pourrait bien trouver par le théorème de d'Alembert, un ensemble de forces intérieures, qui serait, pour chaque individu et pour chaque élément social, équivalent à celui des liaisons, en considérant toujours la relation sociale dont il s'agit. Il est impossible de développer cette idée dans ces *Préliminaires.*

Voyons les groupements sociaux de divers degrés. Dans le groupement du premier degré (qui est la famille) on le voit constitué simplement par des individus et ceux-ci liés entre eux. Les liaisons qui dans chaque peuple et dans chaque époque de son histoire lient entre eux les individus d'une famille, peuvent être très variées et d'un caractère juridique, économique, moral ou religieux. Cette étude convient aux historiens, aux juristes, et aux sociologues ; et sa connaissance serait indispensable pour une mécanique sociale pratique. Ne pouvant pas même aspirer à une esquisse de cette science là, il nous suffit, pour nos simples spéculations abstraites, de concevoir, comme ci-dessus, l'existence des liaisons. Que cette indication soit faite une fois pour toutes quant aux liaisons plus compliquées dans le groupements d'un degré supérieur (1).

Dans la municipalité comme groupement de deuxième degré (2), nous trouvons les individus — les familles — et une multitude d'autres collections d'individus orga-

______

(1) Le professeur Durkheim a fait sur les liaisons sociales beaucoup d'observations dans son livre sur la *Division du travail social.*

(2) Nous parlons de municipalité — de même que nous parlerons de province ou région et de nation — non dans le sens de subdivision réalisée pour des fins politiques ou administratives en général, mais dans le sens plus ample *de groupement social.*

nisées pour diverses fins sociales. Dans le groupement municipal, les familles et toutes ces collections seront pour nous des *éléments sociaux*.

Nous supposerons que tous ces éléments pourront être symbolisés par des centres qui les représenteront, et nous les considérerons ainsi pour chaque famille et pour chaque association scientifique, artistique ou professionnelle ; pour les Chambres de commerce, d'agriculture, ou d'industrie ; pour les Associations philanthropiques, religieuses, etc. ; pour les Associations ouvrières ou patronales ; pour les représentations des partis politiques, etc., etc.

Naturellement pour cette individualisation — si l'on peut ainsi s'exprimer — des éléments sociaux, il est nécessaire que tous les individus qui les constituent aient quelques rapports communs en ce qui concerne la relation considérée ; en outre, et en premier lieu, qu'il y ait des principes de coordination qui établissent la constitution de l'élément même, pour qu'il nous soit possible de connaître à chaque instant la *position* de chaque collection *dans la relation considérée*, par les procédés qui conviendront (à chacune de ces collections) selon les rapports qui lieront entre eux ses divers membres. On peut ainsi concevoir, individualisé, chaque élément social, dans le groupement total.

Il est entendu — comme nous l'avons déjà dit — que, si un individu fait partie de plusieurs éléments sociaux, il conserve toujours son être, comme membre du groupement dans sa totalité ; et c'est pourquoi nous disons que celle-ci se trouve constituée par des individus et des éléments sociaux. Naturellement chaque individu, comme partie intégrante d'un élément, n'apparaît pas dans le groupement social, parce qu'il reste comme fondu dans le centre qui symbolise l'élément.

Quant aux liaisons, nous devons répéter ce que nous avons déjà dit, savoir : que chaque groupement municipal sera défini par les liaisons qui seront établies des individus entre eux, et des individus avec les éléments (1), et que ces liaisons seront de genres très variés. Il nous suffit de constater leur existence et de penser qu'elles peuvent subir des modifications dans le temps lorsque l'on considère un groupement donné.

Si des municipalités, nous passions aux provinces ou régions, — et de celles-ci aux nations — en les regardant comme des groupements sociaux de 3e et de 4e degrés, les municipalités figureraient comme des éléments des premières, et seraient représentées par des centres symboliques pour les individualiser, et comme éléments des deuxièmes figureraient les provinces ou régions, analogiquement individualisées dans les nations. Mais il peut, en outre, apparaître dans les premières de nouveaux éléments sociaux d'un caractère provincial ou régional, qui peuvent être de nature très variée ; qui seront liés entre eux, et avec les municipalités et individus, comme ceux-ci le seront, à leur tour, les uns avec les autres ; bien entendu, ici, les individus doivent être considérés comme des membres de la région vue dans sa totalité.

Nous pourrions en dire autant des nations, où il y

____

(1) On ne parle pas ici pour le moment, des liaisons ou relations internes des individus d'une même collectivité. Nous avons déjà dit que ces liaisons servent à individualiser chaque collectivité.

aura des éléments sociaux d'un caractère national très varié, liés entre eux et avec les régions et les individus. Chez ceux-ci, comme nous l'avons indiqué ci-dessus, nous devons seulement considérer des membres ou des citoyens de la nation (1).

****

Pour donner maintenant une idée de ce que nous entendons par mouvement d'un groupement social quelconque dans une relation donnée, rappelons que sa position dans un instant donné est symbolisée par la position dans l'espace d'un système de points. Le groupement, par con-

---

(1) Nous nous contentons de ces brèves indications. Il ne nous appartient pas en effet, d'examiner ce que doit être la représentation d'un groupement quelconque dans sa totalité. Si c'est là l'*état* de ce groupement, nous n'entrerons pas dans son étude, car elle ne nous intéresse pas spécialement.

Nous avons déjà dit que, pour l'étude mécanique d'un groupement, nous y considérerons seulement des individus et des éléments sociaux, quels qu'ils soient.

C'est aux politiques, juristes et sociologues qu'incombent la classification et l'examen de chacun des éléments sociaux, en étudiant la constitution intrinsèque de chaque élément social, sa sphère privée, comme l'on dit, et les différentes sortes de liaisons avec le reste du groupement. Les liaisons peuvent être d'une nature ou d'une autre, plus ou moins intimes, plus ou moins bien disposées, etc.

...Tout ce qui précède, et aussi les transformations (par évolution ou révolution) des éléments, l'apparition ou la disparition de tels ou tels autres éléments dans le cours de l'existence d'un groupement social, l'apparition, la disparition ou la modification des liaisons, voilà autant de questions entièrement étrangères à notre étude, bien qu'elles

séquent, pourra être conçu en état de repos ou en état de mouvement, selon l'état de repos ou de mouvement où se trouveront à cet instant ses individus et ses éléments constitutifs. Nous disons donc que l'on définit le mouvement élémentaire d'un groupement par l'ensemble des changements très petits qu'éprouvent *les positions* de tous ses individus et des éléments sociaux *dans la relation considérée*, en un intervalle de temps très petit. Chacun des mouvements élémentaires des individus et des éléments est défini, — ainsi que nous l'avons expliqué — par sa direction et son sens particulier.

Si l'on considère une nation, comme exemple d'un groupement social, et s'il s'agit de la question politique, par exemple, on voit que la position politique de la nation dans un instant donné est déterminée par les positions politiques dans cet instant de *tous* ses individus et de *tous* ses éléments sociaux. Si l'on concevait que cet ensemble complexe de positions (ayant toujours la signification déjà convenue) ne changeait pas dans le temps, nous dirions que cette nation *est en repos*, quant à la question politique. Mais ce n'est généralement pas ce qui a lieu, car un nombre immense d'influences (relativement

fassent partie de ce que les sociologues appellent la *dynamique sociale*.

On comprend bien que le nombre des liaisons entre les individus et les éléments sociaux d'un groupement, et la façon d'être de ces liaisons, dépendront, non seulement du nombre d'individus et d'éléments, mais principalement de leur façon de vivre en société. Par ces liaisons — qui définissent un groupement donné — on détermine les effets que les forces psychiques sociales doivent produire sur les individus et éléments qui constitueront le groupement, comme nous verrons plus loin dans la *Dynamique sociale*.

aux fins politiques) exercent des actions psychiques sur les individus et sur les divers éléments sociaux, et ces forces sociales modifient ce que nous avons appelé *la position et l'état politique* de la nation. Sur cette modification élémentaire (qui est un ensemble de modifications élémentaires) est fondé le mouvement politique ou le changement de l'état politique de la nation à l'instant que l'on considère.

La manière dont nous concevons *le mouvement* d'un individu ou d'un groupement social *dans une relation donnée* ayant été exposée, nous dirons que *la cinématique sociale* est, pour nous, la science qui étudie les mouvements *en eux-mêmes*, abstraction faite des causes qui les provoquent — c'est-à-dire, des forces sociales — pour tenir compte seulement *des changements de position dans la relation considérée*, et *le temps* dans lequel ces changements ont lieu.

Quand nous voudrons étudier l'influence des forces psychiques qui agissent comme des forces sociales, tantôt sur un individu (considéré abstraitement comme isolé), tantôt sur les individus et les éléments d'un groupement, deux cas pourront se présenter :

1º Que les effets des forces s'opposent les uns aux autres, de telle sorte que l'état de l'individu ou du groupement dans la relation considérée ne change pas, c'est-à-dire qu'il ne se produise aucune modification effective, malgré les actions exercées comme des pressions ou des tensions par les forces. En ce cas, nous dirons que l'individu ou le groupement est *en équilibre dans la relation considérée*, ou bien *que les forces sociales sont équilibrées* dans l'individu ou le groupement. L'étude des lois qui régiront cet équilibre sera pour nous celle de la *statique sociale.* On comprend que les pressions ou tensions qui s'équilibrent devront avoir des intensités, des directions et des sens qui aient entre eux certains rapports mutuels. De telles forces n'agissent que *statiquement*; elles ne réalisent donc pas de *travaux effectifs*; et elles ne donnent pas non plus des *impulsions*.

2° Que les forces qui agissent produisent un changement effectif pour l'état de l'individu ou du groupement dans la relation considérée; c'est-à-dire que l'influence des actions des forces se réalise, soit en faisant passer l'individu ou le groupement de l'état de repos à l'état de mouvement, soit, si l'individu ou le groupement se trouvaient en état de mouvement à l'instant où les forces commencèrent à agir, en faisant que ce mouvement continuât d'une façon différente de celle avec laquelle il aurait continué sans ces influences. Dans l'un et dans l'autre cas, nous dirons que l'effet de ces forces sociales a été *dynamique*. L'étude des lois auxquelles obéiraient ces changements réels et effectifs de l'état des individus et des groupements sociaux, dans une relation donnée, sous l'influence des forces psychiques qui agiraient d'une façon continue, pendant un laps de temps quelconque, constitue la *dynamique sociale*, où il faudra déjà apprécier les *impulsions* et les *travaux* des forces, comme nous le verrons plus loin.

Ainsi donc :

— Dans la cinématique, *les positions variables* des individus ou des groupements *dans une relation donnée* et, d'autre part, *le temps* sont les seuls agents qui interviendront.

— Dans la statique, agissent les *positions actuelles dans une relation donnée* et, d'autre part, les *forces*.

— Dans la dynamique, il faut tout considérer, savoir : *position dans une relation donnée, temps, forces* et ce que nous appellerons *masses.* C'est déjà la *mécanique sociale* proprement dite.

Il convient de remarquer que la statique et la dynamique ont pour nous une signification exclusivement mécanique, car nous prenons ces mots dans leur sens strict comme nous l'avons dit déjà dans l'*Introduction.* Les sociologues — en s'écartant de l'aspect mécanique, ou en l'ignorant — donnent à ces mots un sens très large, pour pouvoir traiter dans la statique tous les phénomènes sociaux, qui se montrent, pour ainsi dire, dans l'état statique; et dans la dynamique, tous les phénomènes qui se développent dans le processus évolutif qui accompagne — pour ainsi dire — l'action dynamique des forces sociales. Comme on le voit, notre dessein est bien plus modeste. Nous nous bornerons donc à l'application des lois de l'équilibre et du mouvement, établies par la *mécanique rationnelle*, qui est le terrain où nous voulons rester, et toujours dans la sphère des idées générales qui correspondent à un cours élémentaire.

Comme nous le verrons plus loin, les faits sociaux, comme faits naturels, apparaissent, selon nous, déterminés par les hommes mêmes, considérés tantôt individuellement tantôt comme des membres d'éléments sociaux, en tenant compte du milieu physique et psychique où ils se trouvent. Il sera également indispensable de considérer les liaisons des individus et des éléments entre eux. De cette façon — pour l'étude mécanique — nous arriverons à l'entité groupement, en passant par les individus et les éléments sociaux.

Quelques sociologues procèdent inversement, et vont

aux individus et aux éléments sociaux en partant des groupements que ceux-là constituent. Dans notre façon de conduire notre étude on comprendra, cependant, que les individus et les éléments — tels qu'ils se montrent à un instant donné — peuvent être et sont, en dernière analyse, un produit de l'évolution de la société même dont il s'agit.

Tout ce qui se trouve à l'intérieur de chaque individu ou élément social — soit physique, soit psychique — agit directement sur lui-même et sur les autres ; et ce qu'il y aurait de diffus, pour ainsi dire, dans le milieu d'action (quoique en fin de compte chez les individus) agit sur tous, comme provenant de l'ensemble du groupement même, vu dans sa totalité. Cette dernière influence, très complexe, provient de quelque chose qui apparaît comme le résultat de toute la vie antérieure du groupement dans chaque relation [donnée de caractère social, et sera pour nous équivalente, pour chaque cas, à une force qui agirait sur les individus et les éléments. Cette force, qui provient du *milieu*, est ce que l'on appelle généralement *l'action sociale* ; et elle se dégage — comme l'on voit — de quelque chose qui serait dans la conscience publique. Lorsque celle-ci est bien connue, on peut apprécier la direction et le sens de la force et son intensité. Pour certaines relations données, l'action de cette force pourrait être très petite ou nulle, tandis que, pour d'autres, elle pourrait être très intense.

On comprend bien que seulement par abstraction on peut considérer une société comme une entité isolée des individus et des éléments qui la constituent, et seulement aussi par abstraction, nous pouvons considérer l'individu isolément, car il est toujours, en réalité, le membre d'un groupement social. Ces deux abstractions sont — à mon avis — légitimes *pour l'étude*, si l'on veut porter son attention sur les phénomènes généraux qui se produisent dans les groupements ou encore la porter sur les phénomènes individuels particuliers ; mais on devra toujours se souvenir que les groupements sont constitués par des individus et des éléments sociaux, ou inversement que les individus vivent dans les groupements. Comme M. le professeur Cooley l'a très bien dit, une vue *complète* d'une société serait aussi une vue complète de tous les individus et vice-versa. Cet illustre professeur américain considère que les groupements sociaux agissent sur les individus autant que les individus agissent sur les groupements. Il n'y a en effet aucune raison, dit-il, pour regarder l'aspect individuel de la vie comme antérieur ou comme cause par rapport à l'aspect collectif. La société — à son avis — doit être regardée comme un tout vital ; et, ainsi considérée, elle est aussi fondamentale et aussi « causale » que pourraient l'être les individus. Mais les phénomènes généraux ou sociaux ne sont pas quelque chose de séparé et en quelque sorte d'opposé aux individus, puisque l'individu et la société ne sont que des aspects *d'une même réalité*, laquelle — comme dit Cooley — se développe par une série de phénomènes et va toujours des types inférieurs à d'autres plus élevés, plus complexes.

Quand nous parlerons de l'équilibre et du mouvement d'un groupement social, nous considérerons cet objet d'étude de la même façon que la mécanique rationnelle considère un système de points. Dans un cas comme dans l'autre, les liaisons définissent — pour ainsi dire — l'objet, qui est le système ou le groupement, comme entité.

Les lois générales et abstraites de l'équilibre et du mouvement auxquelles obéissent régulièrement les systèmes de points matériels entre lesquels il existe des liaisons, nous conduiront à établir des lois générales et abstraites auxquelles pourront obéir aussi régulièrement les groupements d'individus et d'éléments sociaux entre lesquels il y a des liaisons, qu'elles soient des lois d'équilibre ou des lois de mouvement.

Le véritable problème général de la mécanique est celui de la dynamique des systèmes ou des groupements. De même qu'en mécanique rationnelle on peut théoriquement prédire pour chaque instant futur les positions et les vitesses des points d'un système *bien défini*, si *toutes les forces* qui agissent et *l'état initial* du système nous sont donnés, de même, semble-t-il, on pourrait, le jour où l'on aurait bien constitué la *dynamique sociale*, parvenir à ce résultat pour les positions et les vitesses des individus et des éléments d'un groupement *bien défini*, dans une relation sociale donnée, en ayant les données indispensables de *forces*, et la connaissance de *l'état initial*. Il est tout naturel, en outre, que les tensions dynamiques des liaisons sociales devront obéir aux lois établies par la dynamique des systèmes matériels, comme nous le verrons plus loin (1).

(1) Schæffle dit que, en ce qui concerne un groupement social donné, on peut prédire d'une façon parfaitement certaine comment il se conduirait par rapport à un problème économique, politique, artistique ou religieux.

Cette indication de Schæffle correspond très bien à ce que nous avons dit ; car parler *d'un groupement social donné* équivaut à dire que l'on connaît bien les individus et les éléments sociaux, ainsi que les liaisons qui définissent le groupement

II

Si nous voulons tenter plus loin de faire l'exposition théorique des principes et des théorèmes de statique sociale et de dynamique sociale (en appliquant ceux de la mécanique rationnelle aux individus et aux groupements sociaux), il est indispensable de rappeler dès maintenant quelques notions et quelques idées préliminaires de la science du mouvement et des forces.

On sait que l'idée de mouvement est essentiellement *relative*, et qu'elle a son origine dans l'expérience très ancienne de l'homme concernant les mouvements des corps par rapport à son propre corps (1). Mais Newton se fonda sur la notion abstraite et métaphysique de ce qu'il appelait temps absolu ou mathématique, en supposant qu'il s'écoulait toujours de la même façon ; et de la notion (aussi bien abstraite et métaphysique) d'un espace absolu toujours immobile et semblable à lui-même.

dont il s'agit, et aussi l'état initial où se trouve ce groupement par rapport à la relation que l'on considère. Et en disant un problème, Schæffle veut parler — semble-t-il — de l'ensemble des forces extérieures aussi bien qu'intérieures qui, en rapport avec la relation considérée, agissent sur le groupement.

(1) Quelques-uns pensent que la croyance au mouvement *absolu* provient de ce que cette idée de mouvement s'est fixée héréditairement, à travers des milliers de générations, ayant ainsi pris l'aspect d'absolu. Ceux qui pensent de la sorte appliquent une considération identique à toutes les notions que l'homme considère comme absolues.

Ces notions et celle qui s'ensuit du mouvement absolu, quoique n'ayant aucune signification réelle, servirent de base à Newton pour ses déductions mathématiques, et pour expliquer l'enchaînement dans la dépendance mutuelle des phénomènes mécaniques. C'est ainsi que Galilée et Newton constituèrent définitivement la mécanique comme science. Quoique ce soient là de ces notions métaphysiques à propos desquelles nous nous abstenons de philosopher, nous nous en servirons comme tout le monde s'en sert.

Dans l'exposition newtonnienne de la mécanique, après avoir adopté pour base ces notions, on admet comme *premier principe* celui de l'inertie, qui affirme que, s'il n'y avait aucune force, un point matériel resterait en [repos éternellement, ou serait en mouvement dans l'espace absolu uniformément et en ligne droite indéfinie (1). Si, comme fait physique, on observe qu'un point passe du repos au mouvement, ou bien qu'il existe une accélération dans le mouvement d'un point, il s'ensuit logiquement de ce fait l'existence de quelque action *extérieure* qui le produit, et qui s'appelle *force.*

---

(1) L'inertie doit être regardée comme un *postulat*, qui se rapporte au point matériel et non aux corps ; car il y a en ceux-ci des forces intérieures qui exercent leur action, si petit que soit le corps que l'on veut concevoir. Il faut accepter le principe de l'inertie pour la pure abstraction du *point matériel* d'où part la mécanique rationnelle. Quelques-uns rejettent le principe de l'inertie parce qu'ils supposent les notions métaphysiques de l'espace et du temps *absolus* qui ne sont pas admissibles, et ils étudient l'exposition de quelques lois mécaniques sans le principe de l'inertie. Nous avons déjà dit dans l'*Introduction* que, pour l'application aux relations données d'un caractère social, nous suivions les chemins connus des cours élémentaires de la mécanique rationnelle *classique.*

Voilà pourquoi on dit, avec raison, que la force est une abstraction à laquelle on parvient par une induction logique, si l'on admet le principe de l'inertie (1). L'hypothèse de l'existence de la force concerne, comme l'on voit, quelque chose de transcendant au fait lui-même ; et lorsque en mécanique rationnelle on fait l'hypothèse de l'action à distance, on introduit encore quelque chose qui parait répugner au sens commun. Pour les applications aux sciences physiques, l'éther évite cette répugnance ; mais pour la mécanique rationnelle pure on peut parfaitement admettre l'action à distance comme un symbole, ainsi que l'a dit M. Echegaray.

Le scrupule des actions à distance n'a plus de sens précis à notre époque, car Newton lui-même (en les introduisant dans la science) considérait comme absurde qu'un corps pût agir sur un autre à travers un espace vide, sans intermédiaire. Newton renonça à faire des hypothèses pour expliquer le phénomène de la gravitation universelle ; et voilà pourquoi il a dit clairement et nettement qu'il n'avait pas trouvé l'explication du phéno-

---

(1) Il est bon de rappeler le mot de Cournot, à propos de la notion de force. « Si l'homme n'avait pas conscience de son propre effort (par le sens musculaire), le spectacle de la nature aurait pu éveiller en lui les notions d'espace, de temps et d'autres, mais non celle de la force ».

Sur la genèse de la notion d'espace, H. Poincaré dit, à son tour : « pour un être complètement immobile, il n'y aurait pas d'espace ; c'est en vain que les objets extérieurs se mouvraient autour de lui ; les variations qu'il observerait dans ses impressions propres ne seraient pas attribuées par cet être à des changements de position, mais à de simples changements d'état, car il n'aurait aucun moyen de distinguer ces deux espèces de changements ; cette distinction, capitale pour nous, manquerait pour lui de sens ».

mène. Il n'envisagea pas les causes occultes, ni l'origine des actions mutuelles en raison inverse du carré des distances. Il tâcha d'examiner les phénomènes du mouvement tels qu'ils se montrent, et considéra *comment pourraient se réaliser les faits*, sans en étudier *le pourquoi* (1).

Passons à une autre notion et rappelons que l'on définit la *masse m* d'un point matériel comme la relation de la force à l'accélération $m = \dfrac{F}{j}$; c'est-à-dire comme un coefficient constant de *capacité pour le mouvement* de ce point matériel. Quoique Newton, pour désigner la masse de chaque point matériel, ait parlé de quantité de matière, ce qui (ainsi énoncé) ne signifie rien, il vit et signala clairement la constante qu'il y a dans chaque point matériel pour les effets du mouvement. En intervertissant la définition de masse, on dit que l'intensité de la force est le produit de la masse *m* multiplié par l'accélération ($F = m.j$).

Le professeur Ernest Mach insiste beaucoup, dans sa Mécanique, sur ce que la notion de masse — comme caractéristique déterminante pour le mouvement — doit avoir son origine dans le fait d'expérience suivant : deux corps libres A et B, soumis seulement *à leur action mutuelle*, se communiquent des accélérations opposées, qui peuvent être égales ou différentes. Dans le premier cas, on dit que A et B ont *même masse*, et ainsi est définie l'égalité de deux masses ; dans le deuxième cas, on dit

____

(1) Le concept métaphysique de *cause* ne conduit à rien dans les sciences positives. Celles-ci le remplacent — dit Mach — par le concept mathématique de *fonction*, qui exprime simplement la dépendance réciproque des éléments qui interviennent dans les phénomènes.

que le corps B est de masse *m* (si l'on adopte comme
unité celle du corps A) lorsque l'accélération reçue par
A est *m* fois celle reçue par B. On passe ensuite de là
(pour n'importe quelle unité ou terme de comparaison)
à dire que la relation des masses est la relation inverse
des accélérations produites dans l'un et dans l'autre
corps par leur action mutuelle. Et l'on voit que, dire
que $\frac{m}{m'} = \frac{\gamma'}{\gamma}$ conduit à affirmer que $m\gamma = m'\gamma'$. C'est
le principe de l'égalité des forces d'action et réaction
(dont nous parlerons plus loin) si l'on appelle *force* le
produit $m\gamma$.

Si l'on dit que la *direction* et le *sens* de la force sont
la direction et le sens de l'accélération, et si l'on appelle
point d'application le point même qui se meut, on voit
que la force doit être regardée, pour l'étude, comme un
vecteur localisé dans le point ; et l'on établit la règle du
parallélogramme pour la composition de deux forces
comme vecteurs, en la généralisant ensuite pour la composition de nombreuses forces.

Ayant ainsi rappelé ces premiers principes de la constitution de la mécanique comme science, entrons enfin
dans notre étude, et pensons à un seul individu et à
une relation quelconque de caractère social. Prenons
un instant comme instant initial pour le cours du temps,
et considérons ce, que nous avons appelé la position
dans la relation donnée à cet instant. Cette position
s'appelera *position initiale* de l'individu. Si premièrement — pour simplifier. — nous concevons celui-ci en
repos dans sa position initiale, et si nous admettons *le
principe de l'inertie*, nous voyons que la position dans
la relation donnée se modifie, et nous déduisons l'existence de quelque *action extérieure* à l'individu qui, en

influant sur lui, a déterminé le changement ou la modi-
cation de sa position dans la relation considérée (1).
L'action ou les actions psychiques sont ce que nous
appellerons *forces*. Quand elles se rapporteront à une
relation de caractère social, à laquelle se rapporte la
position de l'individu, nous dirons que ces forces psychiques remplissent.le rôle de *forces sociales*.

Quelle que soit l'origine d'une action qui s'exerce sur
l'individu, qu'elle soit purement physique, et qu'elle
jaillisse de l'intérieur du corps de l'individu, de ses organes mêmes, nous dirons que l'action qui s'exercera
agira comme une *force psychique*, du moment que nous
admettons qu'elle détermine *l'effet psychique* consistant
à influer sur *la position psychique* de l'individu *dans la
relation considérée.*

A la *psychologie générale* correspond l'analyse de ces
processus dont nous ne nous occuperons pas.

(1) Dans la *première partie de la Dynamique* nous examine-
rons comment le principe de l'inertie pourrait être admis
pour la *pure abstraction* de l'individu dans une affaire et nous
expliquerons le sens que nous donnons au mot *extérieur.*
Nous justifierons alors l'assimilation de l'individu au point
matériel, et nous établirons *comme admissibles pour l'individu
les trois postulats de la mécanique.* Par suite nous nous croirons
autorisés à traduire les propositions de la *mécanique rationnelle,*
puisqu'on pourrait répéter les raisonnements que l'on fait dans
cette science. Ce que nous ferons ne sera pas — ce me semble —
un simple jeu de mots pour calquer les propositions de la mécanique rationnelle, en mettant force psychique là où on dira
force physique, individu au lieu de point matériel, une relation
sociale au lieu de l'espace, etc. Dans les occasions où nous le
croirons indispensable (pour la clarté), nous répéterons les raisonnements pour établir les propositions de la *mécanique sociale*; mais comme il faudrait un traité complet pour repro-
duire celui de la mécanique rationnelle, nous nous bornerons à
de simples indications dans cet essai.

Dans de certaines circonstances, les influences venant du milieu extérieur pourront prédominer ; dans d'autres, prédomineront celles qui, pour ainsi dire, procèdent du milieu interne. Le professeur américain Baldwin voit ces deux genres de forces agissant sur deux pôles différents dès l'enfance, et contribuant toutes deux aux modifications psychiques de l'individu.

Selon Baldwin, le processus décrit comme un cercle ; premièrement par l'action des forces de l'extérieur sur le pôle réceptif ou imitatif de l'enfant, et ensuite par l'action des forces de l'intérieur sur son pôle actif ou *agressif* (selon l'expression de Baldwin). Mais tout cela est étranger à nos études mécaniques. En ce qui nous concerne, nous verrons les deux groupes de forces agissant à un instant donné selon les mêmes lois, comme nous l'expliquerons plus loin. Les forces qui procèdent du milieu interne de l'individu ne se voient pas si clairement que celles qui viennent de l'extérieur comme des suggestions ; et il semble bien que nous soyons comme les arbitres de nos propres actions. Peut-être cela est-il dû simplement au fait que ces forces émanent de notre propre intérieur, physiologique ou psychique. Nous ne nous arrêterons pas à considérer toutes les discussions qui pourraient avoir lieu en vue de savoir si telles ou telles influences méritent ou non tel ou tel nom et si leur étude correspond à telle ou telle science.

En continuant notre exposition, nous dirons que l'individu — assimilé à un point matériel — sera considéré comme *le point d'application de la force.*

S'il s'agit d'une seule force, et si l'individu est en repos dans sa position initiale, la direction et le sens du mouvement de modification qui se produira sont attribués à la force ; ainsi, nous pourrons parler de *la direction et du sens de la force psychique*. Nous retrouvons ici les mêmes abstractions hypothétiques qui servent de point de départ à la mécanique rationnelle classique.

N'oublions pas que chaque fois que nous parlons de forces psychiques, nous entendons par là nous rapporter aux forces de genres très variés qui agissent par l'intermédiaire des *natures* individuelles, ou celles qui produisent, n'importe de quelle façon, un effet psychique. Nous employons ce qualificatif comme opposé à *physique* pour distinguer ces forces d'autres comme celles de la gravitation, de la cohésion ou de l'élasticité, de l'affinité chimique, etc., qui influent sur les phénomènes des mouvements (dans l'espace) des corps matériels, exerçant leurs actions physiques.

Pour établir le deuxième principe de la mécanique et traiter le problème dynamique des forces agissant sur un individu *en état de mouvement*, il sera indispensable de déterminer auparavant les idées de *vitesse* et d'*accélération* dans le mouvement d'un individu. C'est alors que nous pourrons définir aussi la *masse* de chaque individu *pour une relation déterminée*, comme *un coefficient de capacité* de cet individu *pour se modifier dans la relation* considérée, semblablement à ce que nous avons rappelé à propos de la masse d'un point matériel, c'est-à-dire comme une relation de la force à l'accélération. Nous ne pouvons en dire davantage dans ces *Préliminaires*, et nous en réservons l'explication pour la *première partie de la dynamique*.

En mécanique rationnelle, on admet le principe de *l'égalité de l'action et de la réaction* dans la direction d'une ligne droite qui unit deux points matériels et en sens opposés, qu'elles soient attractives ou répulsives.

De ce principe, il s'ensuit que le rapport $\frac{m}{m'}$ des masses de deux points matériels est l'inverse du rapport des accélérations que la force *d'action mutuelle* produirait dans l'un et dans l'autre $\frac{\gamma'}{\gamma}$; puisque dans l'un et dans l'autre — les forces de l'action et de la réaction étant égales — le produit $m\gamma$ est égal au produit $m'\gamma'$ (1).

En admettant ce principe pour les actions et les réactions *sociales* on pourrait dire également que lorsqu'un individu ou élément social reçoit l'action d'une force, il réagira avec une égale intensité en sens opposé. Si l'on considère l'action et la réaction entre deux individus ou éléments, on comprend que les effets de changement dans l'état de mouvement qui se produiront dans l'un et dans l'autre par cette action et cette réaction *mutuelle*, seront différents, si les masses convenant à la relation de deux individus ou éléments le sont aussi, puisque ces changements dans leurs états doivent être en raison inverse des masses. Voilà pourquoi l'individu ou élément social doué d'une grande masse, c'est-à-dire de peu de capacité pour modifier la relation considérée, subira une modification relativement petite de son état.

(1) Il a été remarqué par quelques-uns qu'en appliquant cette propriété à l'action de la gravité on constate que la relation des masses de deux corps A et B, c'est-à-dire $\frac{m}{m'}$ est égale à celle de leurs poids $\frac{p}{p'}$; car étant donnée une même accélération (g) des mouvements de chute des deux corps A et B, en pensant à l'action et réaction du corps A avec la terre (de

Lorsque nous devrons considérer, non plus un seul individu, mais un groupement social, nous devons penser que les forces qui exercent leur action sur un individu où élément quelconque du groupement peuvent émaner de quelque chose d'extérieur à lui, ou de l'intérieur du groupement lui-même. Les premières sont appelées des forces *extérieures* ; les secondes, des forces *intérieures*. Celles-ci apparaissent toujours conjuguées deux à deux, en vertu du principe de l'action et de la réaction. Tous les individus et éléments du groupement social contribuent à cet ensemble d'actions et de réactions mutuelles. S'ils en sont conscients, le mouvement ou l'équilibre social se réalise *consciemment*; mais cela ne nous intéresse pas ici.

Il n'importe pas non plus à la mécanique sociale — telle que nous la concevons — de rechercher les caractères et la nature spécifique des actions qui agissent sur les individus et les éléments, ni les caractères psychologiques des individus ou éléments d'où il se dérive des forces. Il suffirait à la mécanique de connaître les points

masse M), on a : $\frac{m}{M} = \frac{\gamma}{g}$; et en pensant à l'action et réaction du corps B avec la Terre, ou a : $\frac{m'}{M} = \frac{\gamma'}{g}$.

Et de là on déduit que $\frac{m}{m'} = \frac{\gamma}{\gamma'}$; mais comme γ et γ' sont des accélérations de la terre, dues, d'une part, à la force de réaction p du corps A, et d'autre à la force de réaction p' du corps B, le rapport $\frac{\gamma}{\gamma'}$ est égal à celui de ces forces $\frac{p}{p'}$ et par conséquent $\frac{m}{m'} = \frac{p}{p'}$, comme cela devait être d'après les même définitions.

d'application, les directions et les sens, et les intensités des forces (1).

Quand nous voudrons nous rendre compte de ce qui est premièrement dans chaque individu l'activité psychique, pensons qu'il se trouve sollicité — à un instant donné — par des impressions très variées (sensations ou représentations de divers genres) qui sont provoquées en lui par des excitations simultanées d'origine externe ou interne. De toutes ces actions, les impressions qui s'imposent de telle façon que l'individu y *prête attention*, et les perçoive, rempliront pour nous le rôle de forces psychiques qui *agissent effectivement*.

Quelquefois l'attention sera due à la nouveauté de l'impression; d'autres fois, à la coloration sentimentale qui l'accompagne ; d'autres, à l'analogie qu'elle a avec ce qui occupe la conscience de l'individu en cet instant, etc. On pourrait dire en général que l'attention retombera sur les impressions que l'individu accueille avec un plus grand intérêt, quelle que soit la raison qu'il en ait.

Eh bien, à ces impressions effectivement perçues et aux représentations de divers genres qui s'y unissent; se rapporteront les forces psychiques que nous devons considérer dans ces *Essais*. Leur intensité ne dépendra

______

(1) Il nous semble chimérique de songer, de nos jours, à mesurer ces intensités ; c'est pourquoi notre propos est purement spéculatif, sans application possible aujourd'hui. Mais si l'on pouvait un jour mesurer les forces psychiques par les procédés suggérés par la psychologie expérimentale, et si l'on pouvait encore déterminer d'une manière précise les *positions* en un instant donné des individus et des divers éléments d'une société, la mécanique sociale, semble-t-il, pourrait être constituée scientifiquement.

pas seulement de l'intensité de l'excitant (physique ou psychique, externe ou interne par son origine) mais aussi de la disposition d'esprit où se trouve l'individu ou l'élément social sur lequel elles agissent à l'instant que l'on considère (1).

C'est pourquoi il convient d'avertir qu'il ne suffit pas que d'un individu ou élément social émane une initiative pour que celle-ci soit considérée comme une force par le seul fait d'exister, mais bien qu'il est nécessaire qu'elle *agisse* pour modifier. Remarquons, en outre, que le caractère psychique de l'initiative, aussi bien que l'action qu'elle exerce, exige une certaine adaptation de l'individu ou élément social d'où elle émane, aux individus ou éléments sur lesquels elle s'exerce, pour que la *force* soit *effective*. Et ainsi le prouve l'observation : car il y a, par exemple, des périodes dans la vie de certains peuples où les initiatives de certains individus ou éléments (remplissant le rôle de forces sociales) opèrent de profondes modifications parce qu'elles sont adéquates à l'état du groupement social ; et, dans d'autres peuples, (les circonstances étant — semble-t-il — analogues) les initiatives pour produire des modifications, ne parviennent pas à remplir le rôle de *forces* en mécanique sociale, parce que ces initiatives ne sont pas appropriées à l'état du groupement (2).

(1) Nous verrons plus loin qu'en traitant d'une relation déterminée, peut-être pourrait-on porter cette disposition d'esprit à être regardée comme une constante, si l'on pouvait porter l'influence de sa variabilité à être exprimée dans chaque cas au moyen d'un coefficient de correction qui correspondrait à l'intensité de l'excitant. Mais nous avons déjà dit que ces aspirations nous semblent irréalisables aujourd'hui.

(2) M. Francisco Giner, en traitant de l'action sociale des

Pour la mécanique, le motif auquel est dû ce manque d'adaptation est indifférent. Il suffirait de le considérer comme un fait, pour que les initiatives fussent considérées comme *nulles* quant à leur effet mécanique. Si, au moyen de l'écriture ou d'un autre procédé quelconque, les idées se conservaient pour les temps futurs, elles pourraient devenir des forces effectives à une époque postérieure, quoique l'individu d'où elles ont émané ne vive plus.

III

Il est absolument nécessaire de dire, dans ces Préliminaires, quelques mots à propos des systèmes de référence et sur la façon de mesurer les quantités fonda-

personnes puissantes, dit, d'accord avec d'autres écrivains : « si grandes soient leurs facultés, elles ne sauraient jamais exercer leur action, que dans une société disposée pour les recevoir ; c'est-à-dire, dont les conditions se trouvent en une connexion déterminée avec celles de leur individualité ».

M. James Mark Baldwin indique que « le génie qui, de fait, ne serait pas compris par la société où il vivrait, ne serait pas pour elle une force effective ».

Et cela est en effet nécessaire ; s'il n'était pas compris, *on n'y prêterait pas d'attention*, et partant, il ne pourrait pas exercer d'influence. Mais on doit remarquer qu'en général, les hommes extraordinaires dont parlent ces écrivains, ne pourraient pas, *inversement*, apparaître s'il n'étaient pas appuyés par un état social approprié à leur apparition, c'est-à-dire que les génies sont, à leur tour, un produit de la race, de l'époque, etc., bref de la société où ils naissent, comme a dit Spencer.

mentales et les quantités dérivées qui apparaissent en mécanique rationnelle, afin de bien montrer les très grandes difficultés qu'offrent ces questions-là.

Quand on dit, en mécanique rationnelle, qu'un point est à un instant donné, dans une position dans l'espace, et qu'il y a une certaine vitesse et une certaine accélération, on sous-entend toujours :

1º Que la position dans l'espace a été rapportée à quelque système géométrique fixé dans l'espace absolu, ou du moins conçu comme fixe ;

et que la détermination de cette position se fait selon le nombre de dimensions, selon les grandeurs coordonnées, qui sont nécessairement en nombre égal aux dimensions avec leurs signes correspondants ;

2º Que l'instant dans le temps a été toujours rapporté à un instant fixe dans le temps absolu, ou au moins conçu comme fixe ; et que la détermination de cet instant se fait, puisque c'est une dimension, moyennant la durée de temps, qui est une coordonnée avec son signe correspondant ;

3º Que certaines unités pour la mesure des grandeurs dans l'espace (1º) et dans le temps (2º) adoptées, ces mêmes unités servent et s'emploient pour la mesure dès accroissements qui, aussi bien dans l'espace que dans le temps, sont employées pour arriver aux idées et aux mesures, aussi bien de la vitesse que de l'accélération dans un instant.

Le caractère absolument théorique de la mécanique rationnelle exige seulement que *l'on suppose* avoir choisi les systèmes fixes dans le temps et dans l'espace, sans qu'il soit nécessaire de les rendre concrets, ce qui, d'ailleurs, ne serait pas possible.

Or, ce que nous faisons avec la notion du temps dans notre esprit, étrangère à toute pensée philosophique, aussi bien pour la conception de l'instant que pour la mesure d'un intervalle de temps, nous l'acceptons ici, tout d'abord, tel qu'on l'accepte en commençant l'étude de la cinématique (et d'ailleurs, dans toute la mécanique rationnelle classique) quelles que soient les difficultés qui puissent s'ensuivre.

Rien de nouveau ni de différent ne se présente ici.

Ce que — éloignés des discussions des profonds penseurs — nous faisons ici dans notre esprit avec la notion de l'espace en général, avec le concept de point géométrique et avec les grandeurs géométriques, avait déjà été accepté en faisant les premiers pas en géométrie, sans nous arrêter aux difficultés possibles. Mais ici, dans ces *Essais*, il ne s'agit plus de l'espace. Au lieu de l'espace, nous avons *une relation donnée*, et ce quelque chose de psychique, que nous avons appelé *position dans une relation donnée*, est un composé psychique de tous les résidus de connaissances, de sentiments, de volitions, etc., de l'individu ou de l'élément social. Comment *définir* cette position en un instant donné ? On pense tout d'abord qu'elle devrait être rapportée à quelque chose qui pourrait être conçu comme fixe, c'est-à-dire, comme une constante connue ; et l'on peut admettre qu'en rétrogradant jusqu'à l'entrée de l'individu dans la vie externe, au moment où ses connaissances, ses sentiments, etc., sont nuls, c'est-à-dire, en rétrogradant jusqu'à la naissance de l'individu, on pourrait avoir un point de référence pour sa position dans une affaire quelconque. La position en un instant quelconque d'un groupement social dans une relation donnée, devrait être déterminée par rapport aussi à la naissance — pour ainsi dire — de ce groupement, lorsque toutes les activités psychiques qui interviennent dans la position de ses individus et éléments sociaux, jaillissent (si l'on peut s'exprimer ainsi) avec un caractère social ; toutefois on comprend bien qu'il serait extrêmement difficile, pour ne pas dire impossible, de signaler de façon concrète l'instant de la naissance d'un groupement social, pour l'adopter comme point de référence.

La somme de connaissances qu'un individu possède sur une relation donnée, comparativement aux connaissances nulles qu'il avait en naissant, s'est successivement formée par intégration des accroissements ; et l'on pourrait en dire autant des autres activités psychiques conscientes ou inconscientes qui interviendraient dans *la position* de l'individu dans la relation considérée. Plusieurs intensités psychiques coordonnées pour ainsi dire seraient nécessaires, et elles devraient correspondre à toutes ces activités, qui seraient comme autant d'autres dimensions. Pour cela, on devrait adopter une série *d'unités* auxquelles se rapporteraient ces grandeurs, et on aurait ainsi la série des *nombres de mesures* correspondants. Il faudrait ensuite chercher une combinaison qui fût comme la somme ou l'ensemble des produits, car il faudrait multiplier le *type-unité* de chaque indice psychique par le nombre qui correspondrait à l'individu que l'on considère. Je crois avoir déjà dit qu'il est très difficile — pour ne pas dire impossible — dans l'état actuel de nos connaissances, de signaler combien et quelles sont les influences psychiques conscientes et inconscientes qui interviennent dans ce que nous appelons *la position* de l'individu dans une relation donnée ; et j'ajoute maintenant qu'il est encore plus difficile de déterminer la manière dont elles se heurtent et s'entrelacent dans le même individu. Mais comment adopter l'unité ou type qu'il faudrait pour chaque espèce de grandeur, c'est-à-dire pour chaque dimension ? Si nous pensons — par exemple — à la somme de connaissances très variées que l'individu possède sur une question dans une *position* donnée, comment concevoir une unité de connaissance pour la mesurer ? Mais encore — et voilà une plus grande difficulté — comment définir avec une certaine rigueur l'égalité de deux connaissances, pour arriver aux nombres par le procédé mathématique de mesure ? Des difficultés égales ou plus grandes s'offriraient pour toutes les dimensions, c'est-à-dire pour les sentiments, les volitions, etc. (1). Toutes ces difficultés, très graves, sont pour nous, aujourd'hui, insurmontables. Ne trouvant pas le moyen de les résoudre, nous les tranchons en supposant :

1º Que l'individu est affecté d'un *paramètre symbolique* qui réunirait en lui tout ce qu'il y a de psychique et d'inconscient capable d'intervenir pour fixer sa position dans la relation dont il s'agit ;

2º Que ce paramètre a, pour chaque instant, une valeur de son expression complexe, qui correspond aux valeurs de toutes les grandeurs coordonnées dont nous avons parlé ;

3º Que le passage d'une valeur de ce paramètre à une autre valeur très rapprochée, dans le même individu, pendant un intervalle de temps très petit, marque dans

---

(1) Nous verrons dans le Cinématique comment on procède approximativement par les moyennes, dans les laboratoires de psychologie expérimentale.

l'ordre psychique *une direction* et *un sens* déterminés par les dimensions qui ont changé très peu dans l'expression complexe du paramètre.

Nous devons supposer que l'accroissement de ce paramètre (grâce auquel se définit la position) est mesurable, c'est-à-dire, qu'on pourrait le représenter numériquement. Nous ne pouvons pas laisser de penser que par les progrès de la *psychologie*, et grâce aux rapports existant entre les diverses influences psychiques qui constituent la position de l'individu, elles pourraient être réduites un jour, les unes et les autres. Il n'y aurait pas, ainsi, un si grand nombre de variables *indépendantes* comme influences psychiques ou dimensions. Si n était le nombre des influences ou dimensions psychiques, et si nous supposons que l'on puisse découvrir $n-1$ équations de relations entre elles, elles seraient déterminées $n-1$ en fonction de la n^e; et celle-ci comme toutes les autres serait connue en fonction du temps. Le paramètre serait alors une fonction de cette n^e dimension psychique — ou celle-ci serait une fonction inverse du paramètre — ce qui permettrait déjà d'exprimer les autres influences en fonctions différentes du paramètre. Peut-être les dimensions psychiques ne seraient que trois, et elles se rapporteraient à la volonté (volitions), à l'intelligence (représentations) et à la sensibilité (sentiments). On sait que les psychologues travaillent sans cesse à découvrir leurs relations. Le paramètre que nous avons admis (pour trancher les difficultés) devrait être regardé en dernier lieu comme une fonction continue du temps, qui permettrait d'accepter les trois hypothèses mentionnées. Pour celles-ci, l'accroissement infiniment petit du paramètre devrait avoir pour facteur scalaire sa valeur numérique, et il correspondrait, en outre, à une direction et un sens psychiques, ce qui ferait voir cet accroissement infiniment petit du paramètre *comme si c'était une quantité vectoriale psychique*, aux trois attributs d'intensité, direction et sens ; mais ces deux derniers attributs de la direction et du sens se rapportent à des orientations, non pas dans l'espace, mais *dans la relation sociale dont il s'agit*. Nous étendons ainsi à la partie psychique la notion des vecteurs spatiaux employés dans les études mathématiques ; et le vecteur mathématique devrait être regardé comme *symbole géométrique* du vecteur psychique dont nous parlons. Le paramètre serait une représentation symbolique, et ensuite la combinaison logique des symboles pourrait être — comme l'a dit mon illustre professeur M. Echegaray — le symbole de la combinaison réelle des phénomènes. Malgré la difficulté de ce symbole (dans un monde imaginaire de tant de dimensions psychiques) qui semble violent et arbitraire, je continue à avancer dans ma tâche, en rappelant un autre passage de Echegaray que je transcris :

« L'intelligence humaine peut forger et a le droit de forger un monde à son caprice, pourvu qu'elle le définisse de telle sorte que dans le contenu de ce monde imaginaire il n'existe ni d'impossibilité, ni de contradiction logique ; et par conséquent ce monde devra être soumis aux lois des mathématiques, parce que la raison humaine y est aussi soumise en tant que raison humaine.

« Ensuite elle peut appliquer ce monde imaginaire au monde réel, et voir si tous deux se conviennent, et si les combinaisons du premier représentent et — encore, — si elles peuvent prévoir des réalités du second ; et en ce cas, quoique le monde de l'imagination ait été formé arbitrairement, on ne pourra nier que c'est un symbole de la nature, avec tous les avantages, bien qu'avec tous les inconvénients du symbolisme ».

Grâce aux suppositions qui précèdent, nous pourrons admettre que le mouvement élémentaire de modification de chaque individu et de chaque élément social se réalise — pendant un intervalle de temps très petit — dans une direction et un sens déterminés ; et que l'intensité du très petit changement de la position dans la relation donnée puisse être mesurée par l'accroissement très petit du paramètre qui, d'une façon complexe, symbolise la position et la définit.

Naturellement, d'après cette hypothèse, on ne se propose pas d'exprimer par un symbole la réalité — telle qu'elle est, et dans toute sa complexité. On voit bien que tout ce que nous dirons, en nous fondant sur cette hypothèse, ne pourra être considéré que comme une première approximation.

Nous ne croyons pas, néanmoins, arriver à des conclusions absurdes ni contradictoires en traduisant — pour les phénomènes sociaux humains — ce que nous trouvons écrit dans le langage mathématique de la *mécanique rationnelle*. Nous prétendons arriver aux conclusions par des raisonnements qui permettront d'étendre la mécanique rationnelle à la mécanique sociale, et ceci sous toutes réserves, car nous avons déjà dit dans l'*Introduction* que, dans ces *Essais*, on ne trouverait pas un travail de rigoureuse science positive (1).

____

(1) Le lecteur a déjà remarqué, sans doute, par tout ce que nous avons dit dans ces *Préliminaires*, que nous prenons pour accordé que les états psychiques peuvent être considérées comme des grandeurs, sans être pour cela le moins du monde

Il importe beaucoup, néanmoins, de résoudre une difficulté qui semble vouloir nous interdire d'étendre aux phénomènes sociaux (dans leur aspect mécanique) les lois de la mécanique rationnelle. La difficulté se trouve dans ce que, si tous les postulats et les théorèmes de la mécanique sont faits pour notre espace à trois dimensions et sont exprimés au moyen de ces trois dimensions, comment en concevrait-on l'application à des mouvements (changements de position psychique) qui n'ont pas lieu, qui ne se réalisent pas dans l'espace à trois dimensions, et qui doivent s'exprimer au moyen d'un grand nombre de dimensions psychiques ?

En d'autres termes, on détermine, par exemple, la position d'un point dans l'espace par trois coordonnées — en supposant fixes les éléments de référence — ; et ces trois coordonnées sont des fonctions continues du temps si le point est en mouvement ; comment appliquer cela au mouvement d'un individu dans une relation telle qu'on l'a définie ?

Bien plus ! si les vitesses, les accélérations et les forces, par exemple, sont regardées et définies en mécanique rationnelle comme des vecteurs spatiaux avec leurs attributs, c'est dans notre espace à trois dimensions qu'on les considère et qu'on les définit ; comment, alors, appliquer ces concepts au monde psychique, à ce qui

étendus. Nous appliquons la notion de grandeur au psychique, comme si le psychique était une donnée spatiale. C'est pourquoi nous employons le langage du sens commun, le langage courant, sans entrer dans des discussions proprement philosophiques et sans tenir compte, par suite, de la critique du professeur H. Bergson selon l'avis duquel de telles grandeurs (psychologiques) seraient de pures illusions de la conscience.

ne peut pas se trouver dans l'espace, ni être défini au moyen de nos trois dimensions ?

Néanmoins la difficulté subsiste quant aux positions d'un point dans l'espace et d'un individu dans une relation donnée. Il nous semble qu'on peut la résoudre facilement, en pensant que si la position du point dépend de ses trois coordonnées, nous pouvons concevoir que chacune d'elles dépend à son tour d'une seule et unique variable — qui ait une valeur constante si le point est en repos — ou qui soit une fonction du temps, si le point est en mouvement. Chacune des trois coordonnées serait (ainsi considérée) une fonction de fonction du temps. D'une loi de variation de cette variable dans le temps, il résulterait des lois de variation indépendantes entre elles pour les trois coordonnées spatiales, et à ces lois correspondrait à son tour le mouvement déterminé du point dans l'espace. Ce que nous concevons ainsi pourrait peut-être s'appliquer aussi au *mouvement d'un individu dans une relation donnée*; si on pense qu'à une loi de variation dans le temps du paramètre que nous avons défini pour un individu, correspondraient des lois de variation indépendantes entre elles des diverses influences ou coordonnées psychiques (quel que soit leur nombre, et quoiqu'elles ne se trouvent pas dans l'espace), ces lois permettraient de déterminer les *positions dans la relation* par où passerait successivement l'individu, c'est-à-dire le mouvement de cet individu.

Quant aux vecteurs spatiaux dont nous parlions — comme les vitesses, par exemple — en mettant de côté l'attribut de l'intensité, qui, étant un facteur scalaire, n'est pas affecté par la difficulté, — remarquons que la *direction* et le *sens* se présentent à notre esprit comme des notions acquises expérimentalement — par l'expérience externe dans notre espace à trois dimensions — et que, expérimentalement aussi — quoique acquises par l'expérience interne ou psychique — se présentent à notre esprit les notions de direction et de sens, étrangères à l'espace. De même que, du passage d'un point d'une position dans l'espace à une autre infiniment rapprochée, naît en nous la notion de la direction et lo sens de la vitesse du mouvement en cet instant, de même du passage *de notre individu* d'une position psychique (non spatiale) à une autre infiniment rapprochée, naît en nous la notion de direction et de sens de la vitesse du mouvement de modification en cet instant. Quoique le premier passage se vérifie dans l'espace à trois dimensions, et le deuxième hors l'espace, et en quelque sorte, au milieu d'autant de dimensions qu'il y aura d'influences psychiques qui interviendront dans la position, ce qui nous intéresse c'est que nous pouvons penser à la *direction et sens déterminés* d'un vecteur particulier psychique de même que à ceux d'un vecteur spatial. Ainsi par exemple lorsqu'en mécanique rationnelle nous pensons et nous disons que la direction et le sens du changement de la vitesse d'un point, d'un instant à l'infiniment rapproché, sont la même direction et le même sens de la force en cet instant, il me semble que nous pouvons appliquer cela à la mécanique psychique, quoique l'un se rapporte à l'espace à trois dimensions, et l'autre non.

Nous sommes partis de l'idée fondamentale que tous les phénomènes, de n'importe quel genre qu'ils soient, réalisent leur processus par loi de continuité dans le temps, ce qui signifie, comme on sait, que le changement qui s'opère d'un instant à un autre postérieur, peut être plus petit que n'importe quelle autre grandeur qu'on assigne — si petite soit-elle, — si elle correspond à un intervalle de temps suffisamment petit entre les deux instants. C'est-à-dire que, si l'on conçoit l'intervalle de temps comme une variable qui diminuerait *indéfiniment*, le changement réalisé doit être conçu de même comme indéfiniment décroissant. La décroissance incessante d'une variable, mais qui aurait une limite effective pour sa petitesse, ne serait pas dite *indéfinie*.

On voit que concevoir un changement infinitésimal dans la position d'un individu (ou d'un élément social) pendant un intervalle de temps, infinitésimal aussi, n'est pas concevoir un intervalle très petit, et un changement correspondant très petit, car cela, ainsi énoncé, ne signifierait rien du tout, la petitesse en elle-même n'étant rien ; et si par *très petit* on entendait ce qui échappe à tous les procédés d'observation et de mesure, *si perfectionnés qu'on les suppose*, nous serions au zéro, qui n'est rien.

Ce qu'on pense, en dernier lieu, ce sont *des lois de variation* telles que la *décroissance* (dans le sens regressif pour cette conception) soit *sans limite*, quoiqu'il soit habituel de dire que les variables infiniment petites ont pour limite *zéro*, comme si le zéro était une quantité qui puisse servir de limite. Ceci constitue, à mon avis, une incorrection de langage (1).

____

(1) On peut voir mon *Essai sur l'Infini* ; j'y disais :
« Si après avoir abstrait l'intervalle de temps au cours duquel un phénomène s'est développé, nous en concevons un

En résumé : en faisant progresser le temps par des accroissements infinitésimaux, le phénomène naturel — (physique, physiologique, ou psychique) — qui se réalise dans le temps, procéde aussi par changements infinitésimaux. Si les modifications que subit une plante ou le corps d'un animal dans ses dimensions, sa forme, sa composition, sa structure, etc., obéissent à cette loi de continuité, à celle-ci obéissent de même les modifications psychiques d'un homme ou d'un groupement d'hommes dans le temps ; voilà pourquoi *le mouvement dans une relation donnée* doit être considéré comme une succession d'un nombre infini de mouvements élémentaires.

Pour nous souvenir du grand nombre de quantités que nous devons considérer plus loin, dérivées ou déduites des trois quantités fondamentales de la mécanique, nous mettons sous les yeux un tableau qui en contient les principales. Nous les supposons connues du lecteur.

En adoptant selon l'habitude, comme quantités fonda-

autre plus petit comme abstrait aussi du même phénomène, et un autre plus petit encore, et ainsi successivement et *indéfiniment,* nous aurons conçu le temps comme une variable *infiniment petite,* et le phénomène dans la continuité du temps ; mais, comment concevoir *l'instant,* soit le *zéro dans le temps ?* C'est aussi impossible que de concevoir le point géométrique isolé dans l'espace ; de même pourrait-on dire que le présent isolé est une chimère. Le temps, dans sa variation continuelle, peut être conçu comme *infiniment petit,* selon n'importe quelle des lois infinitésimales de décroissance ; et comme *infiniment grand,* selon n'importe quelle des lois infinitésimales de croissance ; et ainsi on peut dire que le temps passé ou le temps futur, en décroissant, s'évanouit ...*sans limite* ; en croissant, s'agrandit...*sans limite* ».

mentales, les *longueurs*, *les masses* et les *temps*, et en choisissant comme unités respectives

le centimètre . . . . . symbole L.
le gramme . . . . . . » M (c, g, s)
la seconde . . . . . . » T.

— les vitesses, qui sont des longueurs divisées par des temps, auront ponr symbole de leur unité . . . . . . $V = L^1 . T^{-1}$

— les *accélérations* qui sont des vitesses divisées par des temps, ou des longueurs divisées par des carrés des temps auront pour symbole de leur unité . . . . $\gamma = L^1 . T^{-2}$

— les *vitesses angulaires*, qui sont des angles divisées par des temps, ou bien des vitesses divisées par des longueurs, auront pour symbole de leur unité . . . . $\omega = T^{-1}$

— les *forces*, qui sont des masses multipliées par des accélérations, auront pour symbole de leur unité (1) . . . $F = M^1 . L^1 . T^{-2}$

— les *quantités de mouvement*, qui sont des masses multipliées par des vitesses, auront pour symbole de leur unité . . . .

— les *impulsions de force* qui sont des forces multipliées par des temps, auront pour symbole de leur unité.

$$M^1 . L^1 . T^{-1}$$

— les *moments de forces*
— les *travaux de forces*
qui sont des forces multipliées par des longueurs, auront pour symbole de leur unité

$$M^1 . L^2 . T^{-2}$$

— les *énergies* cinétiques, qui sont des masses multipliées par des carrés de vitesses, auront pour symbole de leur unité (2).

(1) Cette unité de force s'appelle *dyne* : soit une force qui appliquée à un point de masse un gramme (M), lui communique l'accélération un centimètre (L) ; si l'on emploie la seconde (T) (répété deux fois) comme unité de temps, il est évident que comme le poids d'un gramme communique à ce même point matériel l'accélération 981 × L, ce poids vaut 981 dynes. Partant, le poids d'un kilogramme vaut 10^3 × 181 dynes.

(2) Cette unité de travail s'appelle *erg* : soit le travail d'une dyne par un *centimètre* de parcours dans sa direction ; il est évident que le *kilogrammètre* vaut 10^3 × 981 dynes × 10^2 centimètres = 10^5 × 981 ergs.

La quantité de travail exprimée par 10.000.000 de ergs,

— les *moments de quantités de mouvement*. . . . . .

— les *moments d'impulsions*

qui sont des quantités de mouvement ou des impulsions multipliées par des longueurs.

$M^1 . L^2 . T^{-1}$

— les *quantités d'action* qui sont des quantités de mouvement multipliées par des longueurs, ou bien des énergies cinétiques multipliées par des temps. . . . .

— les *moments d'inertie*, qui sont des masses par des carrés de longueurs . . . . $M^1 . L^2$.

— les *puissances*, qui sont des travaux ou des énergies divisées par des temps (1) . . . . $M^1 . L^2 . T^{-3}$.

Les diverses expressions symboliques d'unités que nous venons d'énumérer doivent être regardées comme des *symboles de dimensions*, parce qu'elles indiquent le degré ou dimension de la quantité dérivée par rapport à chacune des trois quantités fondamentales. Toute équation (entre grandeurs physiques) devant s'accomplir indépendamment des unités qu'on choisirait, il est évident qu'il doit exister une homogénéité ; c'est-à-dire, que tous les termes de l'équation doivent être du même degré par rapport à *chacune* des quantités fondamen-

s'appelle joule, et ainsi : 1 kilogrammètre $= 9,81$ joules ou inversement : 1 joule $= 10^7$ ergs $= 0,102$ kilogrammètres.

(1) Cette unité *de puissance* est celle d'un moteur qui fournit un erg par seconde.

Le multiple employé est le watt, qui est un joule par seconde $= 10^7$ ergs par seconde.

Le kilowatt est donc $= 10^3$ joules par seconde.

Soit 1 joule $= 0,102$ kilogrammètres, on voit que : 1 kilowatt $= 102$ kilogrammètres par seconde ; ou en d'autres termes, que 1 kilowatt $= 1',36$ chevaux-vapeur ; et inversement, que 1 cheval-vapeur $= 0,736$ kilowatts.

Directement on voit : 1 cheval-vapeur $= 75$ kilogrammètres par $1'' = 75 \times 10^5 \times 981$ ergs par $1'' = 736 \times 10^7$ par $1'' = 736$ joules par $1'' = 736$ watts.

tales, savoir : longueurs, masses et temps. Cette observation offre, on le sait, un procédé commode pour avertir parfois de l'existence de quelque erreur dans les équations.

***

En terminant ici ces *Préliminaires*, nous avertissons encore une fois les lecteurs que nous suivrons le système d'exposition de Galilée et de Newton, qui fondent la mécanique sur trois principes :

1º Celui de l'inertie ;

2º Celui de l'indépendance des effets des forces quant à l'état de repos ou de mouvement où se trouve le point, et celui de sa composition (Principe de Galilée);

3º Celui de l'égalité de l'action et de la réaction (Principe de Newton).

Nous adoptons donc le système newtonien (qui est le système classique) malgré les graves objections qu'on y faites. Nous prendrons les principes et les théorèmes de la *mécanique rationnelle* tels que nous les trouvons dans les traités élémentaires, sans entrer dans les critiques que dans les temps modernes on a faites et moins encore dans les expositions où l'on supprime quelques-uns de ces principes.

D'autre part, on sait que quelques physiciens éminents — croyant que la mécanique est une science physique — partent de la loi (en tant qu'expérimentale) de la conservation de l'énergie ; et aussi de la loi du moindre effort, soit le principe de Gauss. L'équation de l'énergie (celle qu'on appelait autrefois équation des forces vives et du travail) n'est pas pour eux une intégrale de la mécanique, et, par conséquent, un véritable théorème ; mais ils prennent la conservation de l'énergie comme un *premier principe*. Dans ce système d'exposition de la mécanique — qu'ils nomment *énergétique* — ils doivent commencer par définir les énergies *cinétique* et potentielle ; ils ne veulent pas faire usage de la notion de force, parce que ceci est une abstraction (1), et ils veulent abandonner aussi l'hypothèse de la constitution des corps par particules matérielles. Nous croyons que ce système d'exposition n'a pas atteint un degré suffisant de maturité et de vulgarisation ; et nous nous bornerons en tout et pour tout à la méthode classique newtonienne, d'autant plus que tout le monde reconnaît que c'est la méthode préférable *pour les applications* ; et ce que nous allons tenter est, en somme, une application.

Même en considérant la mécanique classique (celle qui a été établie par Galilée et Newton), comme un cas particulier d'une mécanique plus générale, nous devrions nous laisser conduire par notre mécanique classique, puisque les vitesses que nous devrons considérer sont les vitesses usuelles et courantes dans la vie de l'homme ; et pour ces vitesses, elle est valable.

De tout ce que nous avons exposé dans ces *Préliminaires* retenons ce qui suit, que je suppose avoir été accepté, pour entrer dans l'étude de la cinématique :

(1) M. Echegaray dit que si la force est une abstraction, l'énergie est une autre abstraction.

1º Les groupement sociaux — d'un degré supérieur au premier — seront considérés par nous comme des systèmes d'individus et de collectivités partielles d'individus liés entre eux. Les liaisons sociales définissent le groupement constitué par les individus et les collectivités.

2º Chaque collectivité — que nous appelons *élément social* — s'individualise par un centre qui la symbolise. *La position* psychique de ce centre dans une relation sociale est connue à chaque instant par la constitution interne de l'élément que l'on considère.

3º Les individus, de même que les éléments individualisés, sont affectés d'un paramètre correspondant. La valeur du *paramètre* à chaque instant correspond à la *position* qu'en cet instant l'individu (ou élément social) auquel il sera affecté prend dans la relation considérée.

4º Les paramètres seront constants dans le temps si les individus et les éléments se trouvent en état de repos dans la relation sociale que l'on considère ; ou bien, si les *positions* des individus et des éléments sont invariables dans le temps.

5º Les paramètres seront des variables continues si les *positions* se modifient par loi de continuité dans le temps. Ces modifications ou changements expriment ce que nous avons appelé *le mouvement dans la relation sociale* que l'on considère.

6º Chaque individu et chaque élément social réalise son mouvement de modification infiniment petit — qui est unique — dans une *direction et un sens* déterminés. Nous admettons que l'intensité, la direction et le sens de la modification infiniment petite de chaque individu et de chaque élément sont déterminés par l'accroissement infiniment petit de son paramètre. Cet accroissement infiniment petit a ainsi le caractère d'un *vecteur psychique.*

Ayant fait ce résumé succinct, procédons maintenant à l'étude de la *cinématique sociale.*

Quand nous passerons à la *statique* et à la *dynamique* nous reviendrons sur le concept abstrait des *forces sociales*; et nous expliquerons le sens dans lequel nous admettons le principe de l'inertie, ainsi que la portée que nous donnons à la notion de masse d'un individu ou d'un élément pour une relation d'un caractère social.

CINÉMATIQUE

Mouvement de modification d'un individu

Si en étudiant les changements ou modifications de caractère psychique qui s'opèrent chez les individus dans le cours du temps, nous faisons abstraction des causes qui les produisent (forces), et si nous regardons seulement les changements mêmes de la position d'un individu dans une relation déterminée, la première notion qui se présente à notre esprit c'est la *vitesse* du mouvement de modification (1).

Vitesse. *Mouvement uniforme.* — C'est dans ce type de mouvement de modification d'un individu que se présente d'abord la notion de la *vitesse*. En symbolisant *la position* d'un individu à un instant donné par un paramètre, on dit que le mouvement ou le changement de position est *uniforme*, lorsque les accroissements numériques que le paramètre éprouve dans des intervalles de temps égaux,

(1) On sait que la notion de vitesse dans le mouvement d'un point dans l'espace est applicable (quelle que soit la nature des choses auxquelles elle s'applique) à tout ce qui change *par la loi de continuité* dans le temps ; ou, — comme on dit en langage mathématique — à tout ce qui est *fonction continue* du temps. Nous négligeons les singularités de quelques fonctions continues, qui n'ont pas de dérivée, parce que c'est tout à fait une considération étrangère à notre présente étude.

sont égaux, si petits que soient ces intervalles de temps (1).

Comme nous l'avons dit dans les *Préliminaires*, tout changement très petit dans la position de l'individu a lieu dans une direction et un sens déterminés ; et, pour bien voir tout le mouvement de modification *uniforme* de l'individu par loi de continuité dans le temps, il convient de distinguer deux cas :

PREMIER CAS. *Mouvement uniforme de direction constante.* — Si les changements de position que réalise un individu sont en tout instant dans une même direction et un même sens, cette direction et ce sens sont attribués à la vitesse, qui est, alors, *constante* en *intensité, direction* et *sens* pour tout le mouvement de l'individu ; et elle sert à le définir d'une manière complète. Le mouvement de l'individu dans ce premier cas, qui est le plus simple, est symbolisé par le mouvement uniforme et rectiligne d'un point dans l'espace. La vitesse se représente géométriquement par un vecteur localisé en une ligne droite, qui est la trajectoire, et son point d'application sur la ligne droite est indéterminé, car quel que soit le point que l'on prendra sur cette ligne, le vecteur est le même. Ainsi comme le caractère vectorial de la vitesse, on peut lui appliquer toutes les propositions des vecteurs.

(1) Bien que l'unité de temps soit arbitraire, on comprend que dans la pratique — quelle que soit la relation sociale dont il s'agit — pour qu'on puisse apprécier un changement sensible (dans la position de l'individu) qui se serait opéré dans l'unité de temps, il serait malaisé d'adopter une unité très petite : en un jour, en une semaine, par exemple, le changement dans la position serait extrêmement petit et difficile à apprécier par sa petitesse même.

Second cas. *Mouvement uniforme de direction variable.* — Quand les directions successives dans lesquelles l'individu réalise ses changements *élémentaires* varient d'un instant à un autre, l'accroissement de la valeur numérique du paramètre en chaque unité de temps, c'est-à-dire, la vitesse *en intensité* du mouvement *uniforme*, est une *constante* qui ne définit pas d'une façon complète le mouvement. Il est nécessaire, d'ailleurs, de connaître les diverses directions successives dans lesquelles le changement de position se réalise. Dans ce second cas, le mouvement de l'individu est symbolisé par le mouvement uniforme curviligne d'un point dans l'espace ; et la vitesse se représente géométriquement par un vecteur d'intensité constante, mais localisé en chaque intant dans la tangente à la trajectoire curviligne dans la position occupée par le point *en cet instant* ; parce que cette tangente *représente* la direction dans laquelle a lieu le mouvement élémentaire de l'individu en cet instant.

Dans le mouvement de direction constante aussi bien que dans celui de direction variable, la vitesse que nous avons définie *pour le mouvement uniforme*, exprime la relation constante de l'accroissement du paramètre à l'accroissement du temps, quel que soit cet intervalle de temps. Voilà pourquoi on écrit la loi du mouvement de modification uniforme dans l'équation

$$p = p_0 + v \cdot t;$$

dans laquelle p est la valeur du paramètre qui correspond à la position de l'individu en un instant quelconque t ; p_0 à la position à l'instant que l'on a adopté comme initial $(t = 0)$; et v est la grandeur constante de la vitesse.

On sait que cette loi se représente graphiquement par une ligne droite, en employant le procédé usuel de deux coordonnées cartésiennes pour les représentations graphiques en géométrie plane.

Numériquement, au moyen de l'équation — ou graphiquement au moyen de cette représentation — on résout très facilement les problèmes sur le mouvement uniforme. Ainsi, le changement ou modification qui se réalisera en un laps de temps donné t, c'est-à-dire $(p - p_0)$, s'obtient en multipliant la vitesse par le temps ; inversement, on obtient la vitesse en divisant le changement subi par le temps employé, etc. (1).

---

(1) Par l'équation du mouvement uniforme, on résout le problème suivant :

Si deux mobiles A' et A partent en un même instant initial de positions séparées entre elles par a mètres, et s'ils parcourent la même trajectoire rectiligne avec des mouvements uniformes dans le même sens de vitesses v' et v (soit $v' > v$ si A' est derrière A) combien de temps T mettra A' à rejoindre A ? Dans quelle position se rencontreront-ils ?

Il suffit de poser l'équation v' T = a + v T, de laquelle on déduit

$$T = \frac{a}{v' - v}.$$

Si S est le chemin parcouru par A, et S' le chemin parcouru par A', on a :

$$S = \frac{av}{v' - v}; \quad \text{et} \quad S' = \frac{av'}{v' - v}.$$

Le fameux paradoxe d'après lequel Achille (mobile A') ne pourrait *jamais* rejoindre une tortue (mobile A) est fondé sur ce que lorsque Achille aurait fini de parcourir la distance a, la tortue se serait avancée ; et quand Achille aurait fini de parcourir cette nouvelle distance qui le sépare de la tortue,

Mouvement non uniforme. — Si les modifications successives éprouvées par la position de l'individu dans une
relation donnée se réalisent dans le temps par loi de

celle-ci se serait avancée à son tour, et comme cela se répé-
terait successivement et indéfiniment, il y aurait *toujours* une
distance — si petite soit-elle — qui séparerait les deux mobiles. —
Ce paradoxe sur lequel on a tant écrit, a motivé des affirma-
tions (telle que celle de W. James) que la logique rend moins
intelligible la réalité, et qu'il faut rejeter l'intellectualisme.

On sait que le paradoxe disparaît, en démontrant que les
trois valeurs *finies* et *déterminées* que nous avons obtenues
plus haut pour T, S, S' sont en *parfaite harmonie* avec le raisonnement du philosophe grec, puisqu'elles sont respectivement les sommes des termes indéfiniment décroissants

$$\frac{a}{\rho'} + \frac{\rho}{\rho'}\cdot\frac{a}{\rho'} + \frac{\rho^2}{\rho'^2}\cdot\frac{a}{\rho'} + \ldots = \frac{\dfrac{a}{\rho'}}{1 - \dfrac{\rho}{\rho'}} = \frac{a}{\rho' - \rho} = T.$$

$$\frac{\rho}{\rho'}\cdot a + \frac{\rho^2}{\rho'^2}\cdot a + \ldots = \frac{\dfrac{\rho}{\rho'}\cdot a}{1 - \dfrac{\rho}{\rho'}} = \frac{a\rho}{\rho' - \rho} = S.$$

$$a + \frac{\rho}{\rho'}\cdot a + \frac{\rho^2}{\rho'^2}\cdot a + \ldots = \frac{a}{1 - \dfrac{\rho}{\rho'}} = \frac{a\rho'}{\rho' - \rho} = S'.$$

Pour ceux qui ne connaissent pas les séries convergentes, le
paradoxe continue toujours à les inquiéter, car ils se bornent
à *concevoir* qu'Achille parcourt premièrement la distance a, et
ensuite $\frac{\rho}{\rho'}a$, et après $\frac{\rho^2}{\rho'^2}a$, etc. et que la tortue est *toujours*
devant, sans arrêter l'attention à ce que *réellement* et *effecti-*
vement ce que font Achille et la tortue est tout autre chose.
C'est nous qui pensons ces additions, et concevons ainsi S'
comme la limite de la somme d'un nombre infini de parties,
sans que S' perde sa valeur finie et déterminée, de même que
l'aire d'un cercle ne la perd pas non plus, quoique je *puisse*
la concevoir comme la limite de la somme d'un carré inscrit,

continuité, mais *sans uniformité*, il est absolument impossible de préciser la notion vague de rapidité ou *vitesse du mouvement en un instant t*, sans avoir recours

et de quatre triangles et de huit autres triangles, et de 16, et ainsi de suite indéfiniment.

Pour voir (d'une vue directe) *comment* Achille parvient à rejoindre la tortue, et pour suivre, en quelque sorte, les pas par lesquels *la réalité se forme peu à peu* dans le temps et dans l'espace à partir de l'instant initial $t = o$, on doit penser (en s'écartant des considérations philosophiques sur le temps et l'espace) :

1º Que pendant le premier intervalle infiniment petit dt, les mobiles A et A′ parcourent dans le même sens des espaces infiniment petits vdt et $v'dt$; et que la distance qui séparait les deux mobiles en l'instant initial *diminue* par conséquent en $v'dt - vdt = (v' - v)\, dt$. Telle est la réalité.

2º Que le temps s'écoulant d'une façon continue, comme simple variable indépendante, et le même fait se répétant toujours, la distance diminuera successivement au fur et à mesure que le temps s'écoule ; et la somme de ces successives *diminutions infinitésimales* de distance arrivant à être *exactement égale* à a, la distance est annulée. Cela s'écrit ainsi :

$$\int_{o}^{T} (v' - v)dt = (v' - v)\, T = a$$

d'où

$$T = \frac{a}{v' - v}.$$

Pour ceux qui supposent que — malgré tout — il est toujours certain qu'Achille parcourt réellement et effectivement les espaces

$$a \,;\; \frac{v}{v'} \cdot a \,;\; \frac{v^2}{v'^2} \cdot a \,;\; \ldots$$

dans les intervalles de temps

$$\frac{a}{v'} \,;\; \frac{v}{v'} \cdot \frac{a}{v'} \,;\; \frac{v^2}{v'^2} \cdot \frac{a}{v'} \,;\; \ldots$$

et qu'il reste toujours derrière la tortue, disons finalement : que si la grandeur T (par exemple) peut être regardée comme

à la méthode infinitésimale. Si on voit le changement très petit éprouvé par la position d'un individu en un intervalle très petit de temps θ, à partir de l'instant t, et si l'on divise cet accroissement très petit du paramètre par l'intervalle de temps θ, on a une *vitesse moyenne* pour cet intervalle. La limite de cette vitesse moyenne, si θ diminue indéfiniment, s'appelle *vitesse à l'instant t*. (1)

On voit par cette définition que pour obtenir *approximativement* le changement très petit qui s'opérera dans la position de l'individu en un instant quand il s'écoulera un intervalle très petit de temps θ, on pourra multiplier la vitesse v à l'instant t par cette grandeur θ. Mais si l'on veut calculer la grandeur du changement qui s'opérerait en un laps quelconque de temps, on ne peut plus procéder par une simple multiplication et il faut avoir recours à l'intégration ou addition — en ce temps — de tous les accroissements successifs très petits du paramètre, en obtenant *approximativement* chacun d'eux par une simple multiplication, ainsi que nous venons de le dire.

Il nous reste seulement à ajouter que si le mouve-

formée par cette série (comme on pourrait le penser pour une autre) ce n'est pas ainsi que la réalité s'écoule, mais *d'une façon continue et égale.*

Dire qu'une heure, par exemple, *ne finit jamais,* parce que la première demi-heure s'écoule et ensuite la moitié de l'autre demi-heure, et après la moitié de ce qui manque, et ainsi *toujours,* c'est substituer à la réalité mouvante, continue et égale un pur concept artificiel, qui peut servir à des fins mathématiques pures, mais pas plus.

(1) C'est ce qu'on appellerait en calcul différentiel *coefficient différentiel* du paramètre par rapport au temps.

ment de modification non uniforme de l'individu est de direction constante (symbolisé par le mouvement rectiligne d'un point dans l'espace), le procédé antérieur sert à déterminer quelle sera la position de l'individu à un instant quelconque t, puisque l'on connait la direction constante dans laquelle l'individu s'est mû ; mais il ne suffit pas si le mouvement est de direction variable d'un instant à un autre (symbolisé par le mouvement curviligne d'un point dans l'espace). En ce cas il faut connaître la succession de directions dans lesquelles se meut l'individu (la trajectoire ou symbole géométrique) pour parvenir à déterminer quelle sera la position de l'individu à un instant quelconque t.

Dans la pratique, les directions dans lesquelles s'opèrent les changements de position d'un individu ne varient généralement qu'en des intervalles de temps assez longs, et, partant, son mouvement de modification totale est ordinairement une succession de mouvements de direction constante (rectilignes) d'une durée relativement assez longue.

Si l'on parvenait à inventer des procédés suffisamment approximatifs d'observation psychique, qui fussent applicables aux diverses influences qui interviennent pour la position dans une relation donnée d'un individu soumis à l'observation, de telle façon qu'il fût possible d'assigner en un instant donné une valeur d'observation au paramètre qui définirait la position de cet individu dans la relation considérée, on pourrait employer pour le psychique la *méthode des moyennes*, que l'on emploie comme méthode pratique pour le physico-physiologique, par exemple, la taille, le poids, la force musculaire, la finesse des sens (vue, ouïe, etc.) des divers individus.

A. Quetelet a déjà procédé ainsi dans son *Essai de Physique sociale* pour rechercher les lois du développement de *l'homme moyen*.

Si l'on classe les individus par âges, par exemple, et si l'on fait de nombreuses observations sur des individus normaux d'un même pays, dans d'égales circonstances ordinaires de vie, on peut déterminer les moyennes qui correspondent au type normal. Puis on compare avec ces caractéristiques n'importe quel individu de l'âge correspondant, que l'on soumet à l'observation sur l'une de ces mensurations physico-physiologiques et psychiques (1).

Si, pour une relation de caractère social, il était possible, disons-nous, de fixer les connaissances, les sentiments, la trempe de la volonté, etc., que possède chaque individu soumis à l'observation, on pourrait, peut-être, réussir à trouver des moyennes partielles relatives à chacune de ces caractéristiques, et peut-être encore arriverait-on conventionnellement à des valeurs moyennes du paramètre complexe définissant la position dans la relation considérée, pour les individus des différents âges dans d'égales circonstances extérieures. On doit penser que la caractéristique la moins difficile à déterminer pour faire des observations individuelles, serait celle des connaissances dans une question donnée. On comprend que pour ce qui est des sentiments, des volitions, etc.,

____

(1) C'est ainsi qu'on procède dans beaucoup de laboratoires comme celui de A. Binet, à Paris.

la chose offrirait des difficultés beaucoup plus graves (1).

Dans les mesures pour lesquelles on pourrait disposer de procédés d'observation, si l'on fait les observations sur un grand nombre (*m*) d'individus du même âge, qui se trouvent dans des conditions très analogues, on peut assimiler le cas à celui de *m* observations que l'on aurait *m* fois répétées sur un même individu, et qui seraient discordantes par des causes *accidentelles* inconnues. Pour obtenir alors la valeur M la plus acceptable que l'on puisse adopter comme modèle, on applique le *postulat* de la *moyenne arithmétique* ; c'est-à-dire que l'on additionne les *m* valeurs d'observation, et on divise le total par le nombre *m*. Nous supposons que les *m* observations méritent la même confiance en tous sens, et que les divergences sont dues seulement à des *erreurs accidentelles* et inévitables.

En se rappelant les résultats obtenus dans la *théorie des erreurs accidentelles*, on sait :

1° Que si l'on représente par x les différences, par excès ou par défaut, entre les valeurs d'observation et leur moyenne arithmétique M, *l'erreur moyenne quadratique des observations* est calculée par la formule

(1) A. Quetelet, appuyé sur de nombreuses données statistiques, a fait, néanmoins, de très curieuses déductions sur les sentiments estimés par leurs effets. Ainsi, par exemple, en comparant *le type moyen* (en France, selon les données de quatre ans) des hommes d'un âge compris entre vingt et un et vingt-cinq ans, avec le *type moyen* de ceux d'un âge entre 35 et 40 ans, il calcula que pour le penchant au vol (en cette époque là) ces deux types étaient dans la relation de 5 à 3.

On pourrait d'ailleurs faire bien des remarques au sujet de ces appréciations numériques, ainsi que Quetelet nous l'indique lui-même.

pratique, $E = \sqrt{\dfrac{[x^2]}{m-1}}$, dans laquelle $[x^2]$ représente la somme des carrés de toutes les x, en suivant la notation de Gauss.

2° Les m observations ont un *module de précision h* qui est $h = \dfrac{1}{E\sqrt{2}}$.

On dit aussi que *le poids p* de ces observations est $p = h^2 = \dfrac{1}{2E^2}$.

On voit — naturellement — que le module de précision h ou le poids p des observations est d'autant plus grand que l'erreur moyenne E sera plus petite. Et ceci est un indice que les différences x entre les valeurs d'observation et leur moyenne sont petites, ce qui fait penser que les observations ont toutes été soigneusement faites. Voilà pourquoi l'on dit qu'elles sont de grande précision ou d'un grand poids.

3° Que *l'erreur probable r* des observations est calculée par la formule

$$r = 0{,}6745 \times E,$$

et elle nous indique qu'il y a *la probabilité* 1 /2 que dans une nouvelle observation que l'on ferait de la même façon que les m déjà faites, la valeur que l'on trouverait, serait comprise entre $M - r$ et $M + r$.

Nous ajouterons, pour rappeler la *théorie des erreurs* :

1° Que si l'on concevait comme des valeurs *véritables* de ce qu'on veut mesurer, toutes les valeurs possibles autour de la moyenne M, à celle-ci correspondraient des erreurs possibles par rapport à la véritable. La moyenne quadratique E_1 de ces erreurs, qui est appelée *erreur moyenne quadratique de* M, est calculée par la formule $E_1 = \dfrac{E}{\sqrt{m}}$.

2º *Le module de précision de la moyenne* M *est*

$$h_1 = h \sqrt{m};$$

et le *poids de la moyenne est* P $= mp$.

Et l'on voit, naturellement, que la précision h_1 de la moyenne M, ou le poids P de |celle-ci, dépend non seulement de la précision h ou du poids p des observations, mais aussi du nombre m de celles-ci. — La précision de la moyenne augmente proportionnellement à la racine carrée du nombre d'observations (à égale précision de celles-ci). Le poids de la moyenne augmente proportionnellement au nombre d'observations (à égal poids de celles-ci).

Dans la précision ou le poids de la moyenne M (comme valeur de ce qu'on veut mesurer), les formules indiquent que le nombre d'observations peut compenser son peu de précision ou son peu de poids. Evidemment le mieux est que les observations soient d'un grand poids (ou d'une grande précision), et soient aussi en grand nombre.

3º L'erreur probable de la moyenne M qui est

$$R = 0,6745 \times E_1 \text{ ou } R = \frac{r}{\sqrt{m}},$$

(*r* étant, comme nous avons déjà dit, l'erreur probable des observations), indique qu'il y a la *probabilité* 1/2 que la valeur de ce qu'on mesure sera comprise entre M — R et M + R.

Et l'on voit aussi — naturellement — que l'erreur probable R de la moyenne M varie en raison inverse de la racine carrée du nombre d'observations (à égale erreur probable de celles-ci) (1).

Quand on dispose de beaucoup de moyennes M_1, M_2... (au nombre de N, par exemple), obtenues par différents observateurs, et quand on sait seulement qu'elles ont été obtenues respectivement comme résultat de m_1, m_2..., observations, mais sans connaître le détail de chaque groupe d'observations puisqu'on ne peut pas en effet distinguer le poids des observations d'un groupe du poids de celles d'un autre, et que, par suite, on n'a pas un sérieux motif pour avoir plus de confiance dans les unes que dans les autres (cas qui se présente fréquemment), le plus simple c'est d'attribuer le même poids à toutes les observations, et d'adopter comme unité de poids ce poids commun de chaque observation simple, de celles qui ont concouru à former M_1, M_2, M_3,...

Ainsi le poids de M^1 serait m^1
     »   »   de M^2 » m^2
     »   »   de M^3 » m^3

. . . .

. . . .

(1) Tous les résultats qui précèdent sont déduits dans la théorie des erreurs accidentelles, en partant de la *fonction de Gauss*.

$$\varphi(x) = \frac{h}{\sqrt{\pi}} \cdot e^{-h^2 x^2} ;$$

ainsi qu'on peut le voir dans mon livre « *Apuntes sobre Calculo de Probabilidades. Teoria de los errores y metodo de los minimos cuadrados.* »

et on adopte comme valeur plus acceptable de ce qu'on
veut mesurer

$$M = \frac{M_1 \times m_1 + M_2 \times m_2 + M_1 \times m_3 + \ldots}{m_1 + m_2 + m_3 + \ldots};$$

Cela équivaut en effet à la moyenne arithmétique,
s'il y avait m_1 observations, toutes égales entre elles,
de valeur M_1

    m^1 observations, toutes égales entre elles, de valeur M^1
    m^2 »   »   »   »   »   » M^2

La règle pratique est :

*Multiplier chaque moyenne connue par le nombre
d'observations d'où elle provient, et diviser la somme de
ces produits par la somme des nombres d'observations.*

Il est évident que le poids de ce M, en adoptant
comme unité le poids d'une observation simple, est la
somme des poids des moyennes connues

$$p = m_1 + m_2 + m_3 + m_4 + \ldots = [m],$$

c'est-à-dire le nombre total d'observations simples.

Si l'on pense seulement à l'une des moyennes connues,
M_1, par exemple, de poids m_1, et l'on appelle x_1, sa
différence (par excès ou par défaut) avec M, on voit
que à chacune des observations simples de poids unité
d'où provient M_1 correspond une erreur moyenne z,
donnée pour la proportion $\frac{1}{m_1} = \frac{x_1^2}{z_1^2}$, parce que les
poids sont inversement proportionnels aux carrés des
erreurs moyennes.

Ainsi donc,

$$z_1^2 = m_1 \, x_1^2.$$

En appliquant à chacune des N moyennes connues ce

raisonnement, l'erreur moyenne *dans son ensemble E*
pour chaque unité de poids sera donnée par la formule

$$E^2 = \frac{[mx^2]}{N-1}.$$

Il suit de là que l'erreur moyenne E_1 pour la moyenne
finale M peut être calculée par la formule $E_1^2 = \frac{E^2}{[m]}.$

L'erreur probable de M est $R = 0{,}6745.E_1$.

*

On peut encore préciser davantage ; c'est-à-dire, qu'on
peut faire le calcul avec une plus grande approximation, quand on connaît le détail de tous et chacun
des groupes d'observations. Supposons que nous ayons
calculé, outre la moyenne que fournit chaque groupe,
et le nombre d'observations d'où elle provient, l'erreur
moyenne, ou mieux encore, le poids de ces observations.

Soient, par exemple :

1er groupe
$\begin{cases} M^1 \text{ la moyenne arithmétique de ses observations} \\ m^1 \text{ le nombre de ses observations} \\ p^1 \text{ le poids de ses observations} \end{cases}$

2e groupe
$\begin{cases} M^2 \text{ la moyenne arithmétique de ses observations} \\ m^2 \text{ le nombre de ses observations} \\ p^2 \text{ le poids de ses observations} \end{cases}$

et ainsi de suite jusqu'à N groupes.

On sait que

$$\text{le poids de } M^1 \text{ est } m^1\,p^1$$
$$\text{le poids de } M^2 \text{ est } m^2\,p^2$$
$$\text{le poids de } M^3 \text{ est } m^3\,p^3$$

. . . .
. . . .

et que la valeur la plus acceptable de ce qu'il s'agit de mesurer sera :

$$M = \frac{M_1 \times m_1\, p_1 + M_2 \times m_2\, p_2 + \dots}{m_1\, p_1 + m_2\, p_2 + \dots};$$

et qu'elle aura un poids

$$P = m_1\, p_1 + m_2\, p_2 + m_3\, p_3 + \dots$$

Par un raisonnement analogue à celui que nous avons fait plus haut, on voit qu'il correspondrait à chaque unité de poids, pour le premier groupe d'observations (1er groupe), une erreur moyenne z_1 donnée par l'expression $z_1^2 = m_1\, p_1 \times x_1^2$, si on appelle x_1 l'erreur de M_1 par rapport à M.

En appliquant le même raisonnement aux N moyennes, on voit que l'erreur moyenne E dans tout l'ensemble, pour l'unité de poids, s'obtiendra par la formule

$$E^2 = \frac{[mp\,.\,x^2]}{N-1}.$$

Ensuite l'erreur moyenne E_1 pour l'M final sera calculée par la formule

$$E_1^2 = \frac{E^2}{[mp]},$$

et l'erreur probable R par la formule $R = 0,6745 \times E_1$.

.*.

Tout ce que nous venons de dire est applicable aux observations physiques et physiologiques, et s'appliquera peut-être un jour à celles de caractère social. Si nous rappelons les formules de l'erreur moyenne $E_1 = \frac{E}{\sqrt{m}}$, et de l'erreur probable $R = \frac{r}{\sqrt{m}}$ d'une moyenne

quelconque (1), on voit, comme nous l'avons dit, que
l'erreur avec laquelle le nombre de mesure M exprime
la valeur de ce qu'on aura soumis à observation sera
d'autant plus petite que le sera

$$E = \sqrt{\frac{[x^2]}{m-1}},$$

c'est-à-dire d'autant plus parfait que le procédé d'observation employé et le soin mis de la part des observateurs auront été plus grands ; et encore d'autant plus
grand que le nombre *m* d'observations au moyen duquel on obtint le nombre M de mesure, aura été plus
grand.

On y voit déjà l'influence de la *loi des grands nombres*.
Pour la mettre en relief en une relation de caractère
social, supposons que, dans un pays, on fasse des observations systématisées sur des enfants âgés de six ans,
par exemple, qui commenceraient à apprendre la lecture, et qui seraient placés en des conditions égales,
dans toute la mesure du possible, en suivant la même
méthode d'enseignement, avec les mêmes règles péda-
gogiques au dedans et au dehors de l'école, etc. Supposons, pour simplifier l'exemple, qu'il s'agisse de mesurer
seulement la *vitesse moyenne* d'un individu à faire
l'apprentissage complet par ce procédé et moyennant
ces règles et conditions, en commençant à l'âge déjà
indiqué de six ans (2). En admettant qu'il soit facile

(1) On sait que R est à peu près les deux tiers de E_1, ainsi
que *r* l'est de E.

(2) Au laboratoire de A. Binet on fait des observations de
ce genre, soigneusement, en divisant le temps total employé dans
l'apprentissage en quatre périodes. A chacune de ces périodes,
d'inégale durée, devrait-on appliquer ce que nous disons du
temps total pour simplifier l'exemple ?

de faire l'observation dès l'instant où l'on pourrait dire approximativement que chaque individu *sait déjà lire*, c'est-à-dire qu'il a achevé l'apprentissage, on aurait, par l'observation, la durée totale T de son apprentissage, à partir de l'instant où il commença à six ans. Et si l'on représente par un nombre constant H la valeur du chemin parcouru par l'individu pour passer de la *position* où il ne savait pas lire à la *position* où il le sait déjà, on voit que la *vitesse moyenne* V du mouvement varié par laquelle cet individu a passé d'une position à une autre, s'exprime par $V = \dfrac{H}{T}$ (1).

Eh bien, si l'on soumet à l'observation 100 enfants sous les conditions d'égalité que nous supposions, les différences qu'auront entre elles les 100 valeurs d'observation de V, seront petites (par rapport aux valeurs elles-mêmes) s'il s'agit d'enfants normaux et si l'on réalise rigoureusement ces conditions d'égalité en tous sens dans la mesure du possible. En appliquant les résultats de la théorie de la compensation d'erreurs accidentelles, que nous avons exposée en détail, on aurait par moyenne arithmétique entre les 100 valeurs discordantes (d'observation) de V, le nombre de mesure le plus acceptable pour celle-ci. Nous l'appellerons V_m. Si les différences x entre V_m et les 100 valeurs d'observation de V sont très petites, l'erreur moyenne E des observations sera très petite, et il en sera de même pour l'erreur probable r de ces observations.

(1) Nous nous bornons exclusivement à la connaissance acquise de la lecture en nous écartant de toutes les autres actions psychiques qu'il y a chez l'individu, parce que leur observation offrirait, comme nous l'avons dit, de très graves difficultés.

Il est évident que V_m exprimera bien plus approximativement que chacune des observations ce qu'on veut mesurer, puisque son erreur moyenne E_1 vaut $\dfrac{E}{\sqrt{m}}$ (étant donné que $m = 100$) et son erreur probable R vaut $\dfrac{r}{\sqrt{m}}$, qui est seulement les deux tiers de E_1 ou un peu plus.

En faisant attention à ces erreurs très petites, on peut dire que probablement la vitesse V avec laquelle apprendrait à lire n'importe quel enfant normal, en des conditions égales à celles des enfants observés, serait comprise entre $V_m - E_1$ et $V_m + E_1$; et qu'il est également très probable que V serait comprise entre $V_m - R$ et $V_m + R$, ou bien entre ces limites et les limites plus larges.

On comprend ici l'influence de la *loi des grands nombres* ; car, toutes choses égales d'ailleurs, si au lieu de 100, on faisait 1.000, 10.000, 100.000, ...observations, les limites se rétréciraient toujours davantage, et le poids de la valeur qu'on adopterait pour la vitesse moyenne V que l'on veut mesurer, serait chaque fois plus grand.

Ce qui précède étant exposé, et en appliquant les principes du *calcul des probabilités*, si on appelle q la probabilité que la vitesse d'un enfant (choisi au hasard parmi les enfants normaux) à apprendre à lire dans les conditions déjà dites *sera comprise* entre $V_m - E_1$, et $V_m + E_1$, il est évident que la probabilité *qu'il n'en soit pas ainsi* sera $(1 - q)$.

Et l'on peut dire d'après le *théorème de Bernoulli*, que si l'on soumet à cette preuve n enfants normaux quelconques, *la plus probable* de toutes les combinaisons possibles qui résulteraient dans le premier cas et dans le deuxième, sera : qu'il y ait nq individus dans le premier et $n (1 - q) = n. - nq$ dans le deuxième. Comme q sera en général assez grand, c'est-à-dire beaucoup plus grand que $1/2$, le nombre nq sera probablement beaucoup plus de la moitié des soumis à la preuve, et plus grand sera q plus nq prédominera sur $n - nq$. Ce que nous disons peut s'exprimer encore en disant : que dans les n preuves répétées, le rapport du nombre d'individus qui seraient dans le premier cas avec le nombre total de preuves sera très probablement q, c'est-à-dire, la probabilité simple qu'un individu choisi au hasard serait compris dans le premier cas.

Mais, notez bien que nous disons que ceci est *le plus probable*, et pas autre chose, parce qu'il peut résulter qu'au lieu de nq individus qui se trouveraient au premier cas, il n'y ait plus, en réalisant l'épreuve, que $nq - h$ individus ou, au contraire, $nq + h$ en ce même cas. Nous dirons alors que dans l'expérience il y a eu un *écart* h quant au normal (1).

Bernoulli a démontré que cet écart h quant au normal, obéit à une loi (2) qui est généralement appelée *la loi des grands nombres*, et la voici :

Si on signale un nombre k (aussi petit qu'on voudra)

(1) Nous employons en espagnol le mot « desviacion » dans le sens du mot français *écart*.

(2) Nous donnons au mot loi un sens purement mathématique qui ne doit pas se confondre avec le sens des lois physiques.

comme limite maxima de *l'écart* par défaut ou par excès, et si l'on dispose du nombre n de preuves, plus le nombre n sera grand, plus le sera *la probabilité P* que l'écart h qui résulterait de l'expérience soit plus petit que le nombre donné k, et si n augmentait indéfiniment, la limite de la probabilité P serait 1, c'est-à-dire *la certitude*. Ce qui indique que l'on pourrait concevoir (et déterminer à l'aide des tables qui furent construites) une valeur de n suffisamment grande pour avoir *une probabilité aussi proche que l'on voudra de la certitude* que l'écart ne peut arriver à valoir k, ce nombre étant aussi petit que l'on voudra.

Cette loi (mathématique, non physique) des grands nombres ne peut jamais nous donner la certitude, impossible pour ce genre de calculs sur les erreurs accidentelles ou — comme on dit vulgairement — dues au hasard.

Nous venons de l'appliquer à une question cinématique ; telle par exemple la vitesse avec laquelle des individus normaux placés dans d'égales circonstances apprennent à lire ; mais on doit noter que cette loi des grands nombres (théorème de Bernoulli) peut être également appliquée à tous les faits sociaux. Ainsi, par exemple, si par des statistiques démographiques, soigneusement faites pendant beaucoup d'années en une grande ville où les circonstances n'auront pas varié sensiblement, on calcule la valeur moyenne m du nombre annuel de naissances, et on prend son rapport au nombre p d'habitants de la ville, le rapport $\frac{m}{p}$ sera adopté comme le type de natalité en cette ville, si, toutefois, les circonstances n'ont pas changé. Si E_1 est l'erreur moyenne de ce rapport $\frac{m}{p}$, et si on appelle q la probabilité qu'à l'année suivante le rapport oscille entre $\frac{m}{p}$ — E_1 et $\frac{m}{p}$ + E_1, en pensant aux n ans futurs, *le normal* serait qu'il y eût nq ans où le rapport oscillât entre $\frac{m}{p}$ — E_1 et $\frac{m}{p}$ + E_1 et $(n - nq)$ où il n'en serait pas ainsi. Si cela ne s'accomplissait pas exactement quand la réalité arriverait, nous dirions qu'il y a eu un *écart* quant au normal ; et nous pourrions ajouter que plus grand serait le nombre n d'années considéré, plus grande serait la probabilité que l'écart qui pourrait se montrer fût plus petit qu'un nombre donné aussi petit que l'on voudrait. On sous-entend, en tout ce que nous avons dit, que nous nous écartons — pour simplifier — des changements qui se seraient opérés dans les circonstances.

* * *

Quand nous ferons ensuite l'étude *dynamique* du mouvement d'un individu, à partir d'un instant quelconque que nous considèrerons comme initial, nous aurons besoin *comme donné*, de *l'état initial* de l'individu (1) qui comprendra :

1º La position initiale de l'individu dans la relation donnée.

2º La vitesse initiale **en grandeur, direction et sens.**

---

(1) Le mot « état » a ici, en cinématique, une signification tout à fait différente de celle qu'il a en physique ou en physiologie.

Cet état provient naturellement de toutes les influences très variées que, par rapport à la relation donnée,
l'individu a subies dès avant sa naissance jusqu'à l'instant que nous avons appelé initial pour l'étude. L'héritage reçu de ses parents dès l'instant de la conception,
en est le premier échelon, bien compliqué. Après sa
naissance, l'héritage physiologique accompagné d'une
prédisposition psychique déterminée, héritée aussi, se
complique graduellement par les actions que tout le
milieu ambiant, physique et psycho-social, exerce
sur l'individu. Toutes ces forces qui ont influencé son
mouvement de modification auront produit *comme effet,*
cette position et cette vitesse qui constituent ensemble
l'état déterminé, que nous appelons initial, pour l'étude
des modifications subséquentes.

De même quand nous aborderons l'étude *dynamique*
du mouvement dans une relation donnée d'un groupement social à partir d'un instant initial — nous
devrons avoir, comme *donné, l'état initial du groupement,* qui comprendra :

1º L'ensemble des positions initiales de tous les individus et les éléments du groupement ;

2º Les vitesses initiales de tous les individus et éléments.

Cet état provient des actions antérieurement exercées
— (intérieures ou extérieures) — qui ont influé sur les
individus et les éléments du groupement, et ont déterminé en général un double effet :

1º L'ensemble des connaissances, sentiments, cro-
yances, habitudes, etc., qui constituent les positions à
l'instant initial ; et

2º Les directions, grandeurs et sens des vitesses avec

lesquels les individus et les éléments sociaux se trouvent à l'instant initial.

Tout cela est arrivé comme héritage du groupement social, dont il s'agit ; et on voit, qu'en général, l'héritage doit être considéré pour la mécanique sous un double aspect. On conçoit cependant, que l'on hérite une certaine position *sans vitesse* ; alors l'état initial est un *état de repos* dans la circonstance donnée.

James Mark Baldwin examine en détail le contenu de ce fonds qui se transmet comme héritage d'une génération à une autre du même groupement social, et tâche de déterminer auxquels de ses individus il se transmet, et quels sont les déshérités. Il examine aussi comment il se transmet par apprentisssage — au moyen de l'imitation — sous l'influence des conditions dans lesquelles se trouvent les individus et les éléments du groupement, et qui forment ce qu'on appelle communément l'atmosphère sociale.

Nous croyons que rien de cela n'intéresse la mécanique sociale. Il nous semble que pour elle — à l'instar de la mécanique des systèmes matériels — l'héritage social doit être seulement considéré comme un *état initial* d'où l'on peut partir comme donné.

Accélération. — Après avoir traité de ce qui se rapporte à la vitesse du mouvement de modification de l'individu dans une relation donnée, pensons que si la vitesse est *variable* par la loi de continuité — soit seulement en grandeur (mouvement de direction constante), soit en grandeur et direction à la fois — la notion d'accélération apparaît, car la vitesse étant *quelque*

chose qui change de quelque façon dans le temps par la loi de continuité, le concept de vitesse lui sera applicable, à son tour, et cette vitesse de la vitesse est appelée accélération. Il n'est pas nécessaire de justifier que dans un mouvement uniforme de direction constante, la notion de l'accélération n'apparaît pas, puisque la vitesse ne change en rien.

Rappelons ces simples notions de mécanique rationnelle (ainsi que nous l'avons fait en traitant de la vitesse) en commençant par le cas où la vitesse dans le mouvement de modification de l'individu variera seulement *en grandeur*, parce que l'individu se meut toujours dans la même direction et tendance (trajectoire rectiligne).

Si cette variation de grandeur de la vitesse est telle que les accroissements (positifs ou négatifs) qu'elle subira à des intervalles de temps égaux soient égaux (si petits que l'on considère ces intervalles), on dit que le mouvement est *uniformément varié* et l'on appelle accélération l'accroissement j de la grandeur de la vitesse dans l'unité de temps. Dans le cas du mouvement symbolisé par la trajectoire rectiligne, la direction de l'accélération est celle de la vitesse, qui est celle de la trajectoire. On voit que dans le mouvement rectiligne uniformément varié, l'accélération peut être représentée par un vecteur (comme nous l'avons fait pour la vitesse) localisé dans la droite de la même trajectoire. Et comme j représente le rapport constant de l'accroissement de la vitesse à l'accroissement du temps (qual que soit cet intervalle) on écrit l'équation si connue :

$$v = v_0 + j \cdot t$$

où v est la vitesse en un instant quelconque t ; v_0 celle qui correspond à l'instant initial $t = o$; et j est l'accélération.

Sur la représentation graphique, de cette équation et sur la résolution numérique ou graphique des problèmes, il faut répéter ce qu'on a dit en parlant de la vitesse dans un mouvement uniforme, car la loi en est la même. Par une simple multiplication, on calcule l'accroissement $(v — v_0)$ de la vitesse ; et par une simple division on calcule j.

Laissant de côté le cas où les vitesses ne varient pas proportionnellement aux temps, c'est-à-dire, où les variations de la grandeur de la vitesse se réaliseront *sans uniformité*, on précise la notion d'*accélération en un instant* par la même méthode infinitésimale que l'on a indiquée en précisant qu'il s'agit de *vitesse en un instant*. Ainsi l'accélération en un instant du mouvement de modification de l'individu, *quand elle est de direction constante*, c'est le coefficient différentiel en un instant, de la vitesse par rapport au temps $\left(\frac{dv}{dt}\right)$. Et voilà pourquoi, pour obtenir *approximativement* le changement très petit de la vitesse en un intervalle très petit θ de temps à partir d'un instant t, on pourra multiplier l'accélération en cet instant par l'intervalle θ. Mais si l'on doit calculer la grandeur du changement de la vitesse en un intervalle quelconque (au moyen de l'accélération variable d'un instant à l'autre) il faut recourir à l'intégration pendant cet intervalle, comme nous l'avons déjà dit pour le changement dans la position au moyen de la vitesse variable.

****

Au cas général d'un mouvement de modification de l'individu où celui-ci change continuellement et successivement la direction dans la même relation donnée, et avec des vitesses qui varient en grandeur d'un instant à un autre, nous devons penser que cette variation ou changement *total* fait naître le concept plus général d'accélération en un instant donné, qui est celui *d'accélération totale*.

Le procédé pour parvenir à cette notion est le même procédé infinitésimal déjà nommé ; mais il est, en ce cas, plus complexe, car il affecte simultanément l'intensité, la direction et le sens de la vitesse, c'est-à-dire tous les attributs du vecteur-vitesse. Quand s'achève un intervalle très petit de temps θ, à partir d'un instant t, la vitesse v en cet instant reçoit un *accroissement total* très petit avec une certaine intensité, direction et sens qui, composé avec v, détermine la vitesse v' en l'instant $t + \theta$. A la limite de la décroissance indéfinie de θ, le rapport avec θ de cet accroissement total de la vitesse est *l'accélération totale j en l'instant t.* (Voyez la première figure symbolique).

On voit que cette accélération correspond exactement à la vitesse au même instant d'un point qui parcourrait la courbe olographe C, construite à partir d'un point quelconque o. Pour être totale, c'est-à-dire pour se rapporter à *tout* ce qui constitue la vitesse, cette accélération permet de passer approximativement de la vitesse v en l'instant t à la vitesse v' en l'instant $t + \theta$, en composant celle-là avec la vitesse $j\,\theta$ qui s'obtient par une simple multiplication.

Et il est évident que pour connaître (en tout) la vitesse V au bout d'un laps de temps quelconque, il faut recourir à l'intégration en ce temps des changements totaux très petits $j\,\theta$ de la vitesse. Et le vecteur V, que l'on obtiendrait dans le symbole géométrique par la composition de la vitesse initiale v avec toutes les $j\,\theta$ successives (voyez la figure) devra se localiser (pour l'instant final du parcours du temps), dans la tangente à la trajectoire tirée sur la position correspondante du mobile.

Nous avons rappelé avec une très grande prolixité de détails ces premières notions élémentaires de cinématique sur les vitesses et les accélérations avec le dessein de montrer qu'elles seraient applicables sans aucune modification au mouvement d'un individu dans n'importe quelle relation donnée, si nous admettions (ainsi que nous l'avons dit aux *Préliminaires*) que le passage d'une position de l'individu dans cette relation à une autre position très proche pendant un intervalle de temps très petit θ, serait déterminé, en intensité, direction et sens par l'accroissement très petit que subirait un paramètre complexe qui servirait à définir précisément cette position psychique.

Il est évident que dans la pratique — nous l'avons déjà dit — les changements de direction dans le mouvement d'un individu n'ont lieu qu'à des intervalles de temps suffisamment grands, pour que le mouvement doive être regardé comme une succession de mouvements de direction constante et de longue durée, chacun desquels peut être uniforme ou peut être variable en intensité. C'est dans ce deuxième cas que se présente pratiquement l'accélération.

Mais, comme notre intention a été de suivre l'exposition de la mécanique rationnelle avec son caractère général scientifique et purement théorique, sans nous préoccuper ici des applications, nous avons traité du mouvement le plus général possible d'un individu chez lequel la direction du mouvement soit incessamment changeante (représentation curviligne), et dont la vitesse changerait aussi d'un instant à un autre, pour qu'on vît en ce cas général l'*accélération totale* en chaque instant, qui est très intéressante pour la dynamique, comme nous le verrons.

Dans les indications cinématiques antérieurement faites sur le mouvement de modification d'un individu, la notion de *direction* et *sens* du mouvement, en un instant donné, nous a été imposée comme indispensable. Nous avons déjà dit aux *Préliminaires* que nous supposions l'individu affecté d'un paramètre symbolique qui — par sa valeur en chaque instant — aurait défini la position dans la relation considérée et qui serait encore susceptible de signaler — par son accroissement dans un laps très petit de temps — non seulement le très petit *changement de position* en cet intervalle, mais aussi la *direction et le sens* de ce changement de position (1). Cette supposition répond à l'idée que nous avons que tout changement psychique très petit subi

---

(1) Je dois répéter ici qu'il me semble extrêmement difficile — pour ne pas dire impossible — de signaler aujourd'hui un procédé en vertu duquel on pourrait trouver, pour chaque individu et dans chaque circonstance, ce paramètre.

par un individu dans l'ensemble de ses idées, de ses sentiments, etc., sur une relation quelconque, doit être — il me semble — en une direction déterminée et dans un sens psychique déterminé.

Dans le domaine très complexe du psychique — et à partir d'une position déterminée de l'individu dans une relation donnée — concevons toute l'infinité des directions possibles qui se distinguent les unes des autres par l'orientation psychique que chacune marquera dans la relation considérée. Par rapport à chacune d'elles voyons le changement très petit de position de l'individu, avec sa direction et son sens déterminés qui correspondent à sa vitesse v en cet instant.

On peut remarquer que ce mouvement sera *tout à fait étranger* à quelques-unes de ces directions, mais que — d'une manière générale — il participera en une certaine mesure des autres directions ; il participera en plus grande mesure, naturellement, de celles qui s'écarteront le moins de la direction de la vitesse. On pourrait apprécier la partie de la vitesse v en une direction donnée D (voyez la 2e fig.) en concevant v comme composée d'une partie v_d dans la direction D, et d'une autre partie v_b entièrement étrangère à cette direction D. La composante v_d est ce qu'on appelle *la vitesse v estimée dans la direction D*.

La représentation *schématique* de ce que nous disons se verrait en figurant en ov (2e fig.) la vitesse en intensité, direction et sens. On voit que dans quelques-unes de ces directions, v n'a aucune composante, mais que n'importe dans laquelle des autres, en D par exemple, il y a une composante v_d de la vitesse v, si l'on conçoit celle-ci comme résultante de v_d et d'une autre v_b située sur le plan BB' perpendiculaire à D, sur lequel sont représentées les directions absolument étrangères à la direction D.

On conçoit ainsi symbolisée en v_d la *vitesse estimée en la direction D*, parce qu'elle exprime (par sa grandeur et son sens) *combien* a la *v*, et *en quel sens* de cette direction *D*.

Si l'on pense — par exemple — à la position *o* comme symbole de celle qu'a un individu dans une relation économique et si son état est en mouvement dans la relation considérée avec une vitesse comme *v*, il est possible d'estimer celle-ci dans ces directions qui ne seront pas tout-à-fait étrangères à la direction du mouvement. Si, par exemple, on suppose que ce mouvement dans l'affaire économique dont il s'agit est en rapport avec l'échange international de produits (direction D), *en estimant sa vitesse v en cette direction*, on verrait *combien* il y a (dans le mouvement élémentaire) de *sens* libre-échangiste ou prohibitioniste, et cela se verrait *par la grandeur de v_d et par son sens*.

Considérons un autre exemple. Si en traitant une relation du genre politique on y considère une direction D — à partir de la position *o* — qui symboliserait la participation du peuple dans l'affaire politique, et si on suppose que le mouvement de l'individu a lieu dans une direction politique *v*, qui ne soit pas tout-à-fait étrangère à la direction D, on voit que la vitesse *v* estimée dans la direction D, nous indiquera *combien* il y a de sens démocratique ou antidémocratique (qui sont les deux sens diamétralement opposés *o*D et *o*D', dans la direction D) dans le mouvement élémentaire dont il s'agit.

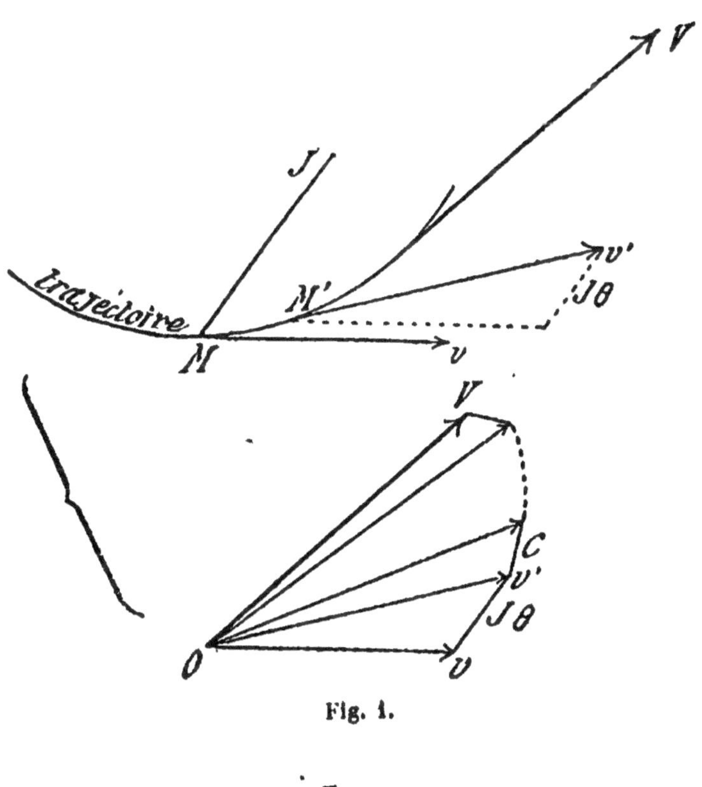

Fig. 1.

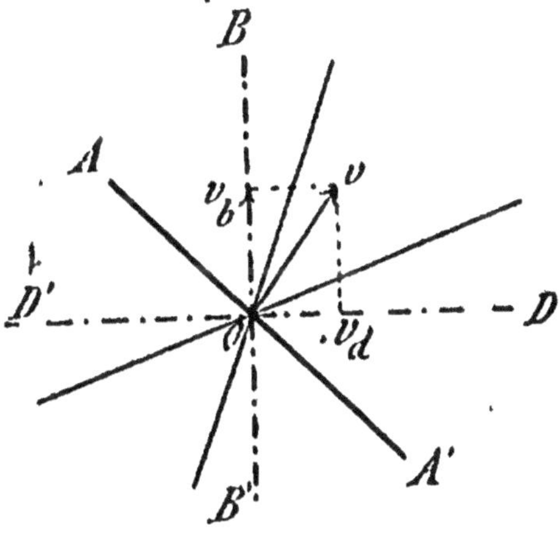

Fig. 2.

Tout ce que nous disons sur la vitesse pourrait aussi bien être dit sur l'accélération d'un mouvement en un instant, que l'on pourrait *estimer* de même en *une direction donnée D*. Nous pourrions nous aider, pour cette conception symbolique, des représentations géométriques dont nous nous servions en définissant antérieurement l'accélération totale en un instant, en intensité, direction et sens.

Composition de mouvements.

MOUVEMENT RELATIF

Composition de deux mouvements. — En étudiant les mouvements de modification des individus, nous devrons considérer ceux-ci plus loin comme ils sont dans la réalité, c'est-à-dire, faisant toujours partie d'un groupement social. Nous voulons signifier par là qu'ils *participent* — comme par entraînement — au mouvement d'ensemble du groupement dans la relation dont il s'agit, quelle qu'elle soit, puisque nous supposerons que les individus y sont liés. Ce mouvement d'ensemble d'un groupement est très difficile à définir et à préciser, tel qu'il se donne dans la réalité; aussi nous bornerons-nous au cas théorique où il serait possible de connaître en intensité, direction et sens *la vitesse d'entraînement* qui correspondrait en un instant donné à chaque individu par le fait de participer au mouvement d'ensemble du groupement, en vertu des liaisons qui s'y trouvent. Cette vitesse d'entraînement ne sera, en général, pas la même en un instant donné pour tous les individus du groupement, sauf dans des cas très spéciaux (1).

Or, si nous concevons qu'un individu ait eu, en un instant donné, une vitesse propre par rapport au groupement auquel il appartient, cette vitesse ne serait la vitesse réelle et effective de l'individu, qu'en supposant que le groupement fût en repos. Mais si nous supposons que le groupement à son tour se trouve en mouvement, l'individu (que nous supposons participer à ce mouvement), aura, outre sa vitesse propre *relative*, une autre vitesse *d'entraînement* ; et le mouvement de modification de l'individu dans l'affaire sera — en l'instant que l'on considère — celui qui correspondra à la vitesse résultante des deux, et qui serait représentée dans la direction et dans le sens de la diagonale du parallélogramme formé avec les intensités, directions et sens des deux vitesses composantes. En outre, la grandeur de la vitesse résultante sera représentée (d'après l'échelle) par la longueur de la diagonale. Il est évident que la vitesse réelle et effective s'approchera le plus de celle qui en grandeur prédominera entre les deux composantes.

La détermination par la règle du parallélogramme de la vitesse absolue comme résultante de la vitesse

(1) Dans une affaire religieuse d'importance, le cas s'offrira parfois (non toujours) que tous ceux qui feront partie de la collectivité sociale constituée par les individus d'une même confession religieuse, reçoivent de la collectivité une même vitesse d'entraînement pour un mouvement déterminé dans cette affaire. On pourrait alors dire proprement que celle-là est la *vitesse de la collectivité*, et le mouvement de celle-ci pourrait être représenté parfaitement par celui de simple *translation* d'un solide invariable de ceux qu'étudie la *Mécanique rationnelle*.

relative et de celle d'entraînement, est ce qu'on appelle généralement *composition des vitesses*.

Le problème de la détermination de la vitesse relative est l'inverse, savoir : étant donnée la vitesse réelle et effective que l'individu a en un instant donné dans son mouvement absolu dans une relation donnée — et étant connue, de même, sa vitesse d'entraînement dans l'affaire, par sa liaison avec le groupement dont il fait partie, trouver la vitesse qu'on pourrait dire qu'il a par rapport au groupement, c'est-à-dire sa vitesse relative. Ce problème s'appelle problème de la *décomposition* et se résout, évidemment, en le ramenant à celui de la composition de la vitesse absolue avec une vitesse égale et opposée à celle d'entraînement, pour réduire au repos le groupement, et pour qu'il ne reste (de la vitesse effective) que la vitesse relativement au groupement.

Pour éviter des confusions très fréquentes, il convient d'appeler l'attention (ainsi que le fait Bour dans son excellent *Traité de mécanique rationnelle*) sur ce qui vient d'être dit. Notez bien qu'un individu, en un instant donné, ne peut avoir plusieurs vitesses *différentes*, dans son mouvement déterminé et dans une relation considérée, parce que cela est inconcevable. Il n'a ni ne peut avoir, en l'instant que l'on considère, qu'une unique vitesse *réelle* et *effective*, et c'est celle que nous avons appelée vitesse absolue, pour lui donner un nom comme si elle pouvait être examinée d'un point de vue absolument fixe (1).

---

(1) On sait que ce qu'on dit du point de vue absolument fixe est une simple conception abstraite sans réalité, mais cette

Si cette même vitesse effective de l'individu n'est pas
regardée isolément, mais en rapport avec le groupement
qui est tout entier en mouvement, on peut concevoir
l'individu dont nous parlons comme ayant une vitesse
relative, mais celle-ci *n'est autre chose* que la même vitesse absolue examinée d'un point de vue où l'on considère son entraînement par le groupement dans son
mouvement d'ensemble. On pourrait peut-être aussi
dire que la vitesse d'entraînement que l'individu possède, n'est autre chose que la même vitesse absolue
dont nous imaginons qu'on escompte (si l'on peut ainsi
parler) ce qu'il y aurait d'individuel et d'indépendant
par rapport au mouvement du groupement ; c'est-à-dire
en regardant la vitesse absolue d'un point de vue placé
idéalement à l'intérieur d'un individu qui conserverait
son mouvement propre individuel, et se soustrairait
au mouvement du groupement (1).

Avant de passer à la composition de beaucoup de
mouvements, présentons un exemple de ce que nous
avons dit sur la composition de deux mouvements.
Pensons au groupement social plus simple, qui est la
famille, ainsi que nous la voyons aujourd'hui dans nos
sociétés, et considérons-en un individu dans une affaire
religieuse, par exemple. En un instant donné, l'individu que nous considérons se trouve en une certaine

façon de penser à un point de référence absolument fixe, est
utile à la pensée purement spéculative.

(1) Cette conception est tant soit peu violente. Peut-être
Bour a-t-il raison en disant que l'on ne peut sous aucun prétexte
(en aucun cas) considérer le mouvement d'entraînement comme
appartenant au point lui-même.

position déterminée dans cette affaire. Laissant de côté les diverses influences qui auraient tendu auparavant à modifier sa position religieuse en exerçant leur action comme des forces en des directions et sens très variés, et avec plusieurs intensités (1), supposons que l'indiv'vidu, en l'instant où nous le voyons, aura une vitesse propre, individuelle, de mouvement dans cette affaire religieuse, et qui serait connue en intensité, direction et sens, n'importe d'où qu'elle vienne. Si nous supposons encore que la famille à laquelle il appartient (par des causes qui ne nous importent pas ici), se trouve en ce même instant en état de mouvement de modification religieuse dans l'affaire, et si nous admettons aussi que la vitesse d'entraînement pour ces individus de la famille serait connue en intensité, direction et sens, nous voyons, *qu'en direction et sens*, de même qu'en *intensité*, la vitesse effective en cet instant du mouvement de modification religieuse de l'individu, sera la résultante des deux composantes et serait représentée géométriquement par la diagonale du parallélogramme que l'on construirait sur les représentations géométriques des deux vitesses connues (2).

Composition de plusieurs mouvements. — Pour traiter le cas où le groupement premier (la famille, par exemple)

(1) C'est là une question de dynamique que nous n'avons pas à développer pour le moment.

(2) Il est évident que si l'on considère un individu délié de telle ou telle façon de sa famille (pour ce qui se rapporte à sa position dans cette affaire), la vitesse d'entraînement serait pour lui *nulle* ; il n'y aurait pas alors de composition de vitesses, puisqu'il s'agirait d'un individu absolument libre vis-à-vis des suggestions du groupement familial, dans cette affaire.

ferait partie à son tour d'un second groupement plus étendu (la municipalité où elle habite, par exemple), et où ce premier groupement participerait au mouvement d'ensemble du deuxième, nous partirons de la supposition (de même qu'antérieurement nous supposions connue la vitesse d'entraînement de l'individu par la liaison avec sa famille) que l'on connaîtra au même instant la seconde vitesse d'entraînement (celle de la municipalité, par exemple), pour le même individu dans la même affaire. Il est évident que la famille participant, comme par entraînement (dans cette affaire) au mouvement de la ville, l'individu qui appartient à la famille en participera aussi (1).

La règle de composition des vitesses sera toujours celle du parallélogramme; car après avoir composé la propre vitesse individuelle (relative à la famille) avec

---

(1) Il n'est pas de notre ressort ici d'examiner si pour chaque individu — dans la généralité des affaires de caractère social — ces deux vitesses d'entraînement, savoir : celle qui provient de la famille et celle qui provient de la ville, ont des directions et des sens qui s'écartent, peu ou beaucoup, l'une de l'autre. Certains croient que — en général — il y a antagonisme ; c'est-à-dire, que (dans la même direction) il est fréquent que les sens soient diamétralement opposés. Cela n'intéresse en rien la cinématique pure et abstraite dont il s'agit ici.

Nous avons déjà dit, au début, qu'en cinématique, on fait toujours abstraction complète des forces qui produisent les mouvements; mais dans une cinématique appliquée il serait très intéressant d'examiner et de déterminer les mouvements qui (provenant des intérêts, concordants ou discordants, des sympathies ou antipathies, etc) déterminent les vitesses d'entraînement des individus dans telle direction et tel sens.

Dans une nation — par exemple — on devrait envisager les familles, les municipalités et les régions, d'après cette considération cinématique.

la première vitesse d'entraînement, la résultante devra être traitée comme une vitesse relative par rapport à la municipalité, pour la composer à son tour avec la deuxième vitesse d'entraînement (celle de la municipalité) que nous avons supposée également connue. La résultante de cette deuxième composition sera la vitesse effective de l'individu dans l'affaire — en intensité, direction et sens.

Nous pouvons dire, en toute généralité, que, si la municipalité participe du mouvement d'ensemble que pourrait avoir la province ou région à laquelle elle appartient, et celle-ci à son tour du mouvement de la nation et celle-ci du mouvement de sa race, et, finalement, la race du mouvement total de l'humanité, chaque individu aura en un instant donné (pour chaque affaire) une vitesse en son mouvement de modification qui sera déterminée par la résultante de sa vitesse propre individuelle, et de toutes les vitesses simultanées d'entraînement dont nous avons fait l'énumération. Il est évident que quelqu'une de ces composantes n'existerait pas si la liaison ou la connexion correspondante n'existaient pas. Par exemple, si un individu et sa famille étaient tout à fait séparés du courant de mouvement de la municipalité où ils habitent, ou si une nation était isolée du mouvement général de celles de sa race, etc.

Si nous examinons d'autre part une question économique — une question d'agriculture, par exemple, — et si nous choisissons un individu qui, à un instant donné, consacrerait à cette affaire son activité, et si nous pensons à ce que nous avons appelé sa position dans l'affaire en cet instant, nous dirions premièrement qu'il est *en repos*, s'il n'est pas en voie d'introduire quelque modification dans sa façon de mener cette affaire comme agriculteur, et s'il ne fait que conserver la position héritée ou acquise antérieurement. Si, au contraire, nous le supposons animé d'une vitesse propre de modification en un sens et une direction déterminés, et que cet agriculteur ne soit pas isolé, mais qu'il fasse partie d'un groupement agraire et que celui-ci ait un mouvement général de modification dans l'affaire dont il s'agit, l'individu recevra, comme participant à ce mouvement corporatif, une première vitesse d'entraînement.

Si à son tour la corporation participait d'un mouvement général de la région ou du pays, qui se rapporterait avec cette espèce de modification, l'individu recevrait une troisième composante de vitesse ; et la résultante des trois vitesses dites serait, en l'instant que nous considérons, la vitesse réelle et effective de l'individu, et elle signalerait la direction et le sens de son mouvement effectif de modification.

Il nous semble nécessaire de dire qu'il serait très difficile, pour ne pas dire impossible, de déterminer chacune des vitesses composantes que l'on exige comme données pour appliquer le procédé de composition indiqué qui devrait nous conduire à la vitesse résultante pour chaque individu. Il est d'abord difficile de connaître avec précision la direction, sens et intensité de la vitesse propre individuelle, relativement au premier groupement social auquel il appartient ; mais la difficulté est encore plus grande pour les autres composantes, qui sont des vitesses d'entraînement de l'individu par les différents groupements sociaux de plus

en plus compréhensifs qui entourent, pour ainsi dire,
l'individu. Et ces composantes sont bien plus difficiles
à déterminer, précisément, parce qu'il faudrait connaître,
non une direction et un sens général de vitesse comme
direction moyenne avec l'intensité moyenne, mais celle
qui correspondrait particulièrement à l'individu dont
il s'agit. On comprend que cette dernière variera d'un
individu à un autre, selon sa relation, avec la famille,
la municipalité et la région, etc., pour être entraîné
dans l'une ou l'autre direction et sens, et avec une plus
grande ou plus petite intensité.

Il entrerait en grande partie dans ces déterminations
un ensemble très compliqué et presque inextricable
de circonstances de caractère psycho-social (1).

Avertissement. — Je viens de prendre connaissance,
à l'instant, d'un livre du Professeur Sp.-C. Haret, de
Bucarest, intitulé *Mécanique sociale*, et publié vers la

(1) C'est aux sociologues qu'incombe l'étude de ces difficiles questions sur les vitesses d'entrainement et les vitesses
propres individuelles, soit selon les types des groupements
sociaux, soit selon les circonstances où ils se trouvent. Il y a
quelque connexion entre le thème de la composition des vitesses
et les observations du professeur Durkheim sur l'affaiblisse-
ment progressif de la conscience commune ou collective, par
lequel les vitesses propres individuelles prédominent de plus en
plus.

Les vitesses propres individuelles dépendent sans doute de
tout ce qu'il y a dans l'intérieur de chaque individu, dans ce
que nous nommerons plus loin son milieu interne ; mais cette
considération est d'un ordre dynamique et nous en traiterons
plus loin.

Mécanique sociale.

fin de 1910. Je vois que ce travail est tout à fait différent du mien, quoique tous deux appliquent aux individus et aux groupements sociaux les principes et les théorèmes de la mécanique rationnelle ; nous en faisons, en effet, l'application à des points de vue différents et avec des critériums très divers, ainsi que pourra s'en rendre compte quiconque lira les deux travaux. Mon écrit est principalement psychologique (comme base du social) et en outre purement abstrait et théorique. Au contraire M. Haret aspire, dans le sien, à faire une mécanique sociale appliquée (au moins comme une première approximation), étant donné que c'est une préoccupation d'application à la politique qui l'a poussé à écrire son travail.

Ainsi, dans toute la deuxième moitié de son livre, il traite de choses qui n'ont aucune analogie avec ce que je traite dans les présents « Essais » ; et il termine son œuvre par des réflexions sur la marche de la civilisation.

Dans la mécanique sociale proprement dite, je vois que M. Haret avait déjà étudié quelques-unes des questions que j'ai abordées dans ce travail ; mais, il l'avait fait d'une manière bien différente. Il est à remarquer, cependant, que je suis arrivé — quoique par un chemin différent — à une façon d'étendre le principe de l'inertie qui coïncide avec celle de M. Haret ; et que je suis arrivé de même à des conceptions quelque peu analogues aux siennes sur la notion de masse, pour pouvoir la regarder comme constante.

STATIQUE ET DYNAMIQUE

PREMIÈRE PARTIE

Equilibre et mouvement des individus.

Avant d'étudier l'équilibre et le mouvement des groupements sociaux, nous devons étudier dans cette *première partie* (comme préliminaire indispensable) l'équilibre et le mouvement des individus et des éléments sociaux qui les constituent, en imitant ainsi — comme en tout — le procédé que l'on emploie en mécanique rationnelle.

Voyons d'abord les premiers jalons de cette science.

LE POINT MATÉRIEL. — Pour l'exposition *newtonienne*, il faut avoir la notion abstraite du point matériel, *qui n'est point* la particule physique.

A cause du caractère mathématique de la *mécanique rationnelle* (nous ne disons pas de la mécanique en général) les éléments qui, liés entre eux, constituent les systèmes, ne sont point, et ne peuvent pas être les molécules, les atomes, les électrons, ou n'importe quelles autres particules que les physiciens puissent établir comme constitutives des corps de la nature, et sur lesquelles portent aujourd'hui (ou pourront porter un jour) les théories physiques et chimiques. Dans la *mécanique rationnelle* pure et abstraite, dont nous avons besoin pour nos spéculations de mécanique sociale, on ne considère point ces particules admises par la Physique et la Chimie : il s'agit du *point matériel*, c'est-à-dire du *point mathématique* de la Géométrie, auquel on attribue la condition abstraite de matériel, en lui assignant une masse comme coefficient de capacité pour le mouvement dans l'espace.

Voilà pourquoi les théories de la *mécanique rationnelle* ne dépendent pas — selon moi — des découvertes physiques et chimiques, de la même façon que les théories physiques et chimiques en dépendent.

A mon avis, l'évolution qui s'est opérée (et qui s'opère incessamment) dans les concepts mathématiques, aussi bien de la géométrie que de l'analyse, agit directement sur la mécanique rationnelle, et détermine l'évolution de cette science. Tandis que l'évolution dans les concepts physiques et chimiques qui agissent très directement sur la mécanique appliquée (branche des sciences physiques) ne peut pas influer sur les lois pures de la mécanique *rationnelle*, telle qu'elle a été construite après Galilée et Newton, avec sa charpente scientifique. Elle pourra être élargie et développée, comme elle l'est incessamment ; elle pourra être exposée de plusieurs façons par suite des exigences de l'esprit philosophique ou par suite des convenances des sciences qui en ont besoin ; mais il sera toujours certain que *si l'on admet* comme des postulats les *principes fondamentaux*, toutes les lois de la *mécanique rationnelle* s'imposent logiquement à la raison, sans qu'elles dépendent des découvertes physiques ou chimiques ; car ces lois sont formulées en langage mathématique, et seulement *pour nous*. Jusqu'à présent la nature s'est très bien accordée avec ces lois théoriques ; mais si en vertu d'observations parfaitement faites, et ayant toutes espèces de garanties, cet accord venait à se rompre un jour, et si les physiciens devaient refuser des théorèmes démontrés par la mécanique rationnelle d'aujourd'hui, celle-ci — même en subsistant comme édifice logique, pour ainsi dire — ne serait plus utile aux sciences physiques.

Et supposé un tel conflit, il faudrait revoir les *principes fondamentaux*, et il me semble que le nouveau Newton qui réparerait le défaut dans les fondements, et qui construirait une nouvelle mécanique rationnelle utilisable pour les physiciens, devrait modifier les *postulats*, en pensant toujours à la donnée pure et abstraite du point matériel.

Rappelons brièvement ce qui est arrivé dans ces dernières années où il y a eu des découvertes qui ont produit dans le domaine de la physique et de la chimie une émotion si profonde et si légitime. Après la découverte des rayons X, des rayons d'uranium, de ceux du thorium, et du grand pouvoir radioactif de beaucoup de minéraux, on réussit finalement à obtenir (quoique en très petite quantité) le *radium* qui émet des rayons lumineux et calorifiques ayant des propriétés surprenantes, pour l'explication desquelles on a supposé qu'elles sont de trois classes α, β, γ (avec des différentes manières d'être) qui ont été reconnues par la conductibilité électrique qu'elles produisent dans l'air, ce qui ne nous intéresse pas ici. L'énorme quantité d'énergie représentée par la chaleur qu'émet incessamment un gramme de radium (100 calories-grammes en une heure) semble le laisser sans aucune altération, ou du moins sans altération qui puisse être appréciée par les instruments et les procédés d'observation les plus fins et les plus délicats. Cette découverte rompt-elle la correspondance de la nature avec le théorème de la *conservation de l'énergie*, et faut-il rejeter ce théorème de la mécanique ?

Ainsi quelques-uns, au début, posèrent-ils la question au sujet de cette émouvante découverte physique. Mais telle est la foi dans la loi mécanique, considérée comme indépendante de toute découverte particulière physique ou chimique, que le moindre doute sur le théorème de la mécanique fut rejeté bientôt, et les investigateurs s'adonnèrent ardemment à examiner s'il y aurait quelque processus naturel (méconnu auparavant) en vertu duquel il se dégagerait des quantités d'énergie qui fussent beaucoup de millions de fois plus grandes que celles qui apparaissaient dans les processus connus, et qui expliqueraient comment est produite l'énergie que, sans cesse, dégage le radium. Ces recherches ont conduit à une nouvelle conception quant à la constitution des corps matériels.

On savait par la chimie comment les molécules des corps étaient constituées par des atomes des corps élémentaires, et on connaissait et on mesurait les quantités d'énergie que comportait ce processus de composition moléculaire, en divisant — ou pour mieux dire — en décomposant la molécule en ses atomes. Mais on ne pouvait plus se passer des atomes ou corps élémentaires ; ces atomes étaient indécomposables, irréductibles ; toutes les tentatives que l'on avait faites pour diviser les atomes avaient échoué ; et bien qu'on ait vu des connexions entre des corps élémentaires par leurs poids atomiques respectifs, on n'avait pas pu se passer de l'atome. On croit déjà maintenant qu'il y a, probablement, des particules beaucoup plus petites que les atomes, que ceux-ci se composent de ces particules et que, par conséquent, ils ne sont pas indivisibles comme on croyait.

On considère aujourd'hui comme démontré, à ce qu'on affirme, que chacune de ces particules est *mille fois plus petite* que l'atome de l'hydrogène (qui est le plus petit de tous), et que chacune comporte une quantité d'électricité négative égale à celle que comporte un atome d'hydrogène en sortant de l'eau par la décomsition de celle-ci. Cette particule chargée de cette quantité d'électricité négative est l'électron. Nous disons que cela est considéré aujourd'hui comme démontré parce que différents investigateurs, et par des procédés très différents, ont abouti (à ce qu'on dit) à cette même valeur pour l'électron. Ainsi donc, on peut arriver, dans n'importe quel corps, jusqu'à l'électron — c'est-à-dire, à la millième partie d'un atome d'hydrogène. — On peut bien concevoir que les atomes des divers corps, considérés comme élémentaires, se distinguent les uns des autres par le différent nombre des électrons, par la diverse façon de groupement de ceux-ci, et par leurs vitesses.

Abstraction faite des hypothèses émises par quelques physiciens, ce que l'on peut tout d'abord concevoir c'est : que la décomposition de l'atome d'un corps élémentaire comme *le radium* — par exemple — dégage une énorme quantité d'énergie, très supérieure à celle que nous connaissions par la décomposition de la molecule en ses atomes. On peut de même concevoir qu'un corps élémentaire puisse se transformer en un autre, en changeant son poids atomique par la perte des électrons. Cela semble avoir été constaté dans les expériences faites avec l'émanation du radium, au moyen desquelles on a obtenu *l'hélium*.

De toute cette digression (sauf les inexactitudes que nous aurons pu commettre), il résulte qu'en vertu de découvertes physiques et chimiques, on a pénétré de plus en plus dans la constitution intime des corps matériels, en aboutissant à des particules physiques de plus en plus petites. Et il faut penser à l'impossibilité de limiter ce que les futures investigations pourront suggérer quant à la petitesse des particules que l'on devra considérer comme dans les entrailles des corps matériels ; rien n'empêche de concevoir que l'on puisse arriver à des particules qui seraient beaucoup de millions de fois plus petites que les électrons d'aujourd'hui, sans aucune limite. La physique, la chimie, et avec elles la mécanique *des corps matériels*, dépendront toujours, par conséquent, des évolutions futures ; *mais il n'en est pas de même pour la mécanique rationnelle* — à mon avis — puisqu'elle établit ses théories sur l'entité *abstraite* du point matériel (qui est seulement dans notre esprit). Les découvertes physiques n'y peuvent point arriver, ni l'affecter en rien, par cela même qu'il se trouve seulement dans notre esprit et en dehors de la réalité physique.

PRINCIPES FONDAMENTAUX DE LA MÉCANIQUE
RATIONNELLE

Nous avons vu dans les *Préliminaires* que :

Du *premier principe* — celui de l'*inertie* du point matériel — on conclut l'existence de quelque cause extérieure au point, si l'on observe quelque changement dans l'état de repos ou de mouvement du point. Cette cause s'appelle *force* (1).

Du *second principe*, on conclut que le *changement de mouvement* produit par une force se réalise dans la direction et le sens dans lequel cette force agit. Cette direction et ce sens du changement de mouvement, sont ce que nous avons appelé, en cinématique, direction et sens de l'*accélération totale* J. Et l'on admet que la grandeur de J est proportionnelle à la force motrice F (2).

Inversement, on dit que la force motrice F, regardée comme une action externe sur le point matériel qui lui fait changer son état de repos ou de mouvement, est proportionnelle (pour un point donné) à l'accélération J que celui-ci reçoit ($F = mJ$). La force est vue

---

(1) Naturellement, il n'est pas possible de faire des observations sur le point matériel *qui est une abstraction*. On y applique ce qu'on pourrait observer dans un corps matériel. N'oublions pas que ces principes de la mécanique sont, pour nous, de simples *postulats*.

(2) La loi de l'inertie peut être regardée, non comme un premier principe, mais comme un cas particulier de ce second principe, puisque, s'il n'y a pas de force, il n'y a pas d'accélération ; c'est-à-dire, il n'y a aucun changement dans la vitesse, et celle-ci subsistera, par conséquent, en intensité, direction et sens.

comme un vecteur localisé dans la position occupée par le point.

Le *coefficient de proportionnalité m*, affecté à chaque point matériel, s'appelle *sa masse*.

De ce *second principe*, on déduit le *théorème du parallélogramme* pour la composition de deux forces agissant simultanément sur un même point, se fondant sur la composition cinématique des accélérations correspondantes, et en vertu de l'indépendance des effets des forces.

Si on appelle *quantité de mouvement* d'un point de masse *m* en un instant, un *vecteur localisé* dans la position occupée par le point, et qui — ayant la même *direction* et le même *sens* de la vitesse — aurait pour *grandeur*, la grandeur de celle-ci multipliée par le coefficient *m*, et si on se souvient de ce que nous savons sur l'accélération totale J, on voit la force motrice *m*J produisant (par une simple multiplication) l'accroissement total (vectorial) très petit $mJ \times \theta$ que subira la quantité de mouvement *mv* dans l'intervalle très petit de temps (1). Par suite on pourrait dire que la force est la dérivée totale géométrique (quant au temps) du vecteur qui représente la quantité de mouvement ; de même qu'en cinématique on pouvait dire que l'accélération totale est la dérivée totale géométrique du vecteur qui représente la vitesse.

Le *troisième principe* que nous avons accepté est celui de l'égalité de l'action et de la réaction ; c'est-à-dire que, toutes les fois qu'un point matériel reçoit

______

(1) Le produit de la force F = *m*J multiplié par l'intervalle très petit de temps θ où elle agit, est ce qu'on appelle *impulsion élémentaire de la force*.

une action qui vient d'un autre point matériel, celui-ci subit, à son tour, — comme venant du premier point — une réaction égale et directement opposée à l'action (1).

Les trois principes que nous venons de rappeler pour la deuxième fois, ne s'imposent pas par eux-mêmes, ne sont pas démontrables et ne peuvent pas être constatés par l'expérience. Quoiqu'on ait présenté des observations contre eux, et qu'ils reposent sur des notions métaphysiques, nous les admettons comme s'ils étaient incontestables. Il est bien regrettable qu'il y ait cette insuffisance dans les fondements de la *mécanique rationnelle*, qui jusqu'à présent a montré comme son titre scientifique le plus glorieux le fait que l'observation et l'expérience ont toujours confirmé tous ses théorèmes (2).

(1) Ce *troisième postulat* est celui que l'on nomme particulièrement *principe de Newton* : car les deux premiers avaient déjà été prévus par Galilée, quoique celui-ci se soit borné à l'étude de la chute des corps sous l'action de la gravité.

(2) Le fait est que Newton, en partant toujours d'idées métaphysiques sur l'espace, le temps et le mouvement absolus (idées qui ne sont point réelles), a pu constituer, néanmoins, une science comme la *mécanique rationnelle*, débordante de vérités constatées et vérifiées ensuite par l'observation et l'expérience, c'est-à-dire de résultats qui ne se ressentent point de la fausseté de la base.

Ce fait historique est très digne d'être considéré, non pour la réhabilitation des procédés métaphysiques (définitivement morts pour les sciences positives) mais pour tâcher d'expliquer le fait d'une façon positive, c'est-à-dire pour voir comment il a pu se produire, ou, si l'on veut, comment on a éliminé ce qu'il y avait d'irréel dans le point de départ. Une telle recherche serait très instructive, car il arrive quelque chose d'analogue pour tous les points de départ de toutes les sciences.

Adaptation a la mécanique sociale

Le dessein d'appliquer aux individus et aux groupements sociaux, et par rapport à une relation déterminée, les théorèmes de la *dynamique* des points matériels et des systèmes matériels, nous oblige à justifier d'abord l'assimilation que nous ferons de l'individu — comme *entité idéale et abstraite* — au point matériel pour concevoir les mouvements de modification de cet individu (dans un phénomène social) ainsi que le mouvement du point matériel dans l'espace ; et à admettre ensuite pour cet *individu abstrait et simple* que nous aurons conçu, les trois *postulats*.

Sans cette justification préalable, on ne pourrait accorder aucune valeur à rien de ce que nous dirions, car ce serait un simple échange de mots.

Voyons le premier point.

Si l'on admet, avec quelques physiologistes et psychologues, que, chez l'individu vivant (comme un ensemble de cellules vivantes liées entre elles moyennant tout l'organisme du corps de l'animal), l'unité de la conscience individuelle avec l'ensemble de son être psychique se montre comme une synthèse ; si l'on admet d'autre part que les cellules vivantes sont conscientes par elles-mêmes, et que de l'ensemble organique harmonieux des cellules, avec ses âmes cellulaires, surgit l'âme individuelle ; il est évident que pour une *mécanique sociale appliquée* à la réalité, il faudrait regarder la cellule vivante, avec son âme cellulaire, comme la particule, et l'individu animal devrait être considéré comme une véritable collectivité ou un groupement. Mais nous avons déjà dit que les difficultés qui se présenteraient en tentant de faire l'étude de la mécanique sociale appliquée seraient très grandes, et que nous n'en avions point l'intention ; et nous ajoutons maintenant que les difficultés seraient énormément plus grandes, si d'après cette conception psycho-physiologique on descendait jusqu'à la cellule.

Nous tâchons donc de ne point sortir du champ strict de la *mécanique rationnelle* et il nous faut d'abord concevoir quelque chose d'analogue à la *position* du point matériel dans l'espace.

Quoique nous ne sachions pas comment faire la mensuration par un paramètre, nous concevons, néanmoins, la position de chaque individu dans une relation donnée ; mais il nous serait impossible de concevoir la position de chaque cellule consciente dans une relation donnée, car toutes les cellules, en se fondant dans la conscience individuelle, ne nous apparaîtraient plus, et il ne nous serait point possible de leur assigner une *position*, dans le sens que nous donnons à ce mot. Quoi qu'il en soit, l'individu que nous concevons *un* et *indivisible*, et que nous assimilons au point matériel, sera toujours (de même qu'en mécanique rationnelle) *une entité qui se trouve seulement dans notre esprit*, en dehors de la réalité physique et physiologique, et par conséquent ils ne pourront pas être affectés par les nouvelles découvertes que l'on ferait à l'avenir dans le champ de la physiologie et de la psychologie par rapport à la constitution de l'individu comme organisme vivant, et par rapport à l'apparition de la conscience et de l'évolution de l'âme individuelle.

Le sociologue Lilienfeld fonde tout son système de sociologie sur la *réalité* de l'organisme social, dans lequel

les individus sont, pour lui, des véritables cellules sociales. Pour cet auteur, les actions psychiques qui
s'exercent d'individu à individu dans l'intérieur d'un
groupement social, sont parfaitement comparables aux
actions physico-physiologiques qui s'exercent de cellule
à cellule dans le corps d'un animal. Nous n'entrerons
pas sur ce terrain, car nous nous bornerons à l'étude
des effets mécaniques.

Peut-être ce que Lilienfeld nomme *substance sociale
intercellulaire* remplit-il un rôle qui a une certaine analogie avec ce que nous appelons *liaisons* entre les individus et les éléments d'un groupement. Les degrés
de tension auxquels seront soumises en chaque instant
les liaisons du groupement pourraient, peut-être, garder
une certaine correspondance avec l'état où se trouverait cette substance intercellulaire qui agit (selon
Lilienfeld) entre tous les individus et les éléments d'une
société donnée.

L'assimilation que nous ferons de l'individu au point
matériel — pour notre façon particulière de voir *ses
mouvements dans une relation donnée* comme ceux d'un
point dans l'espace — nous permettra de mettre en
rapport ces mouvements avec les impulsions que l'individu recevra, si on peut adapter à la *mécanique sociale*
les trois principes fondamentaux. Quoique l'être humain
individuel ne soit pas une abstraction, nous pouvons
concevoir en lui *un être abstrait ou être de raison*, que
nous nommons *individu* pour notre mécanique sociale
pure (1). Les individus dans un groupement social —

____

(1) Peut-être la conception que nous avons de *l'individu
abstrait et simple*, sera-t-elle, en quelque sorte, comparable à
l'âme dont parle le professeur Ebbinghaus dans sa psychologie.

de même que les points matériels dans un système — ne sont pas contigus, comme le sont les cellules dans les corps vivants.

*
* *

Voyons maintenant l'*adaptation à la mécanique sociale* des trois *postulats* :

Premier postulat. — Pour admettre que l'individu par lui-même resterait dans son état de repos ou de mouvement *dans une relation donnée* (en continuant ce mouvement comme uniforme et de direction constante) s'il n'était pas poussé à changer cet état, et d'autre part, pour déduire logiquement de ce *principe de l'inertie* que lorsqu'on observe un changement il existe une cause *extérieure*, — il est indispensable d'expliquer ce que nous voulons signifier par là.

Il paraît, avant tout, inutile de répéter qu'en parlant de l'individu, nous le considérons comme un être psychique abstrait et idéal.

La qualité d'*inertie* que nous lui attribuons consiste en ceci : qu'il tend par nature à garder sa *position* psychique dans chaque circonstance, s'il est en repos ; ou qu'il tend à garder sa *vitesse* telle qu'elle est dans la relation considérée, sans aucune altération, en sui-

D'après Wundt, l'âme doit être définie, en commençant l'étude de la psychologie scientifique, comme « le sujet (dans son sens logique) auquel nous unissons comme prédicats tous les faits de l'observation interne ». Dans ces faits, le phénomène très essentiel c'est l'unité dans la multiplicité.

On voit que pour ces psychologues il n'est pas nécessaire de faire aucune hypothèse *initiale* sur l'existence ou la non existence d'un être ou d'une substance indépendante de la matière.

vant un mouvement uniforme de direction constante. Quand nous disons qu'en observant un changement dans l'état de l'individu dans une relation considérée, il est logique de conclure à l'existence de quelque cause *extérieure à l'individu*, nous parlons de celui-ci comme de l'être psychique *abstrait et simple*, par rapport auquel nous considérons *comme extérieur*, non seulement tout ce qui se trouve dans la nature hors de l'individu concret et naturel avec son propre corps, mais aussi tout ce qui — bien qu'intérieur à ce corps — joue néanmoins le rôle *d'extérieur* quant à l'être psychique abstrait et simple dans la relation que nous aurons à considérer.

Et de même qu'un fait physique de la nature qui serait extérieur au corps de l'individu, (ou un acte d'un autre individu), est un fait extérieur qui peut influer sur l'individu que nous envisageons et exercer sur lui une action mécanico-psychique (qui serait une force) pour changer son état dans la relation considérée ; *de même*, admettons-nous, pour les appétits qui naissent dans son propre organisme dans le fonctionnement physiologique normal (ainsi que la faim, la soif, l'appétit génésique) ou pour une altération quelconque dans ses organes (cerveau, cœur, foie, système nerveux, etc.), quoique tout cela ait lieu dans l'intérieur de l'individu naturel, que cela peut exercer, et exerce, une action psychique sur l'individu abstrait et simple dont nous parlons ; et nous pouvons par suite regarder cette action comme extérieure à l'*être de raison* que nous appelons l'*individu*.

Cet individu se distingue, pour nous, du corps et est comme extérieur à ce corps (1). Et encore : comme

---

(1) Nous ne prétendons point entrer dans les questions que les psychologues se posent. Nous nous bornons à expliquer ce

notre étude des positions de l'individu doit se fonder toujours sur la supposition d'une *relation déterminée*, nous pouvons y regarder comme extérieur à l'individu tout ce qui, même étant *psychique et individuel*, correspondra à d'autres ordres de relation, quelles qu'elles soient, et qui seront, partant, pour notre considération, comme *extérieures à l'individu dans l'affaire.* Il se dégage de l'ordre général psychique individuel des influences qui exercent, certainement, une action pour changer l'état de l'individu dans l'affaire.

L'adaptation à la mécanique sociale du *postulat de l'inertie*, tel que nous le présentons, devra être regardé comme un dernier avancement dans la généralisation de cette loi, puisque les physiologistes avaient déjà fait le premier pas dans cette voie. L'éminent physiologiste M. A. Dastre dit que si l'opinion vulgaire ne connaît pas la généralisation de la loi de l'inertie, pour les corps vivants, et ne l'applique qu'à la matière brute, on n'en doit pas moins penser que la matière vivante ne possède pas en elle-même une spontanéité réelle et qu'elle exige les excitants (de sa vitalité) qui proviennent du milieu ambiant. Voilà pourquoi le mécanisme vital serait un mécanisme inerte si rien de ce milieu ne venait le provoquer à l'action. C'est-à-dire, que la loi de l'inertie n'est pas seulement applicable aux corps bruts, mais encore aux corps vivants, dont *l'apparente spontanéité* n'est qu'une illusion démentie par toute la physiologie ; ou, en d'autres termes : que les manifestations vitales sont les réponses (par l'irritabilité) à

que nous voulons signifier en disant que nous admettons *la loi de l'inertie* pour l'individu dans une relation donnée.

une stimulation, c'est-à-dire, des actes provoqués, non des actes spontanés.

*
* *

Les forces sociales par excellence qui agissent sur chaque individu ou élément d'un groupement sont :

1º Celles qui émanent d'autres individus ou éléments, soit du même groupement (intérieures), soit en dehors de lui (extérieures). Elles se présentent sous des formes très variées et innombrables. On peut dire en général, que tout ce qui d'un individu ou élément social excite l'âme de l'individu ou élément que l'on envisage, est pour celui-ci une stimulation ou pression suggestive, c'est-à-dire, une force dans la relation considérée, puisque l'individu ou élément considéré peut acquérir, par cette influence stimulante, une nouvelle connaissance, ou peut modifier celles qu'il avait ; ou bien il peut surgir en lui un sentiment nouveau, ou s'en modifier d'autres ; ou bien encore sa volonté peut s'affaiblir ou se tempérer, etc. Tout cela deviendrait un changement dans la position de l'individu ou élément dans l'affaire, et l'on pourrait y parvenir par imitation (comme dit Tarde) ou d'une autre façon quelconque. L'écrivain Demarest Lloyd considère que la plus puissante des forces sociales naturelles est la *sympathie humaine*, qui, dans son sens le plus ample, est inépuisable, et est appelée à provoquer les plus hauts degrés de perfectionnement dans l'avenir des sociétés humaines. Toutes les forces dont nous parlons maintenant surgissent du contact de l'homme avec l'homme, et l'on y voit très clairement le principe de l'égalité de l'action et de la réaction dont nous parlerons ensuite (1).

2º En plus de ces forces, il faudra considérer chaque individu ou élément d'un groupement comme soumis (dans l'affaire dont il s'agira) à une force qui représenterait *l'action sociale*, qui est (comme dit Durkheim) la contrainte de tout le groupement sur l'âme de chaque individu, et ne peut pas être considérée comme émanant *seulement* d'un élément ou individu en particulier du groupement. Nous devons supposer que cette force est également connue en intensité, direction et sens (2).

(1) M. Adolfo Posada, avec le sens éminemment altruiste qui le caractérise, en considérant les phénomènes de coopération et de sacrifice comme des émanations d'un principe supérieur de sympathie expansive, parle de l'amour, de l'affection, de l'aide mutuelle, du sacrifice, etc., comme de suggestions qui tendent à unir les âmes. Voilà pourquoi il ajoute : « S'il est vrai que la Nature se révèle à nous au premier coup d'œil comme un immense théâtre de luttes implacables, un examen réfléchi nous la présenterait, peut-être, comme un centre fécond d'amour et de sympathie ».

(2) Sur les effets et les causes, Hume dit que :

« Si nous examinons la production des effets par les causes, nous trouvons que dans la conception de ce rapport nous ne pouvons pas passer au-delà de la simple observation de l'existence d'une liaison constante qui incline l'esprit — par une transition — à conclure l'un de l'autre. Mais les hommes sont très disposés à croire que dans le domaine de la nature matérielle il y a quelque chose comme une relation nécessaire de cause à effet... Ils sont, d'ailleurs, peu enclins à supposer qu'il y a quelque différence entre les effets qui résultent d'une force matérielle et ceux qui proviennent de la pensée et de l'intelligence ».

Et Hume ajoute ces mots si expressifs : « Mais si nous sommes bien convaincus que, quant à n'importe quelle causalité, nous savons seulement qu'il y a une liaison constante, et, par conséquent, une inférence de notre esprit de l'un à l'autre ; et si nous

⁎

Second postulat. — Nous l'admettons pour la dynamique de l'individu abstrait et simple. Et ainsi nous dirons que tout *changement dans le mouvement* de modification produit par une force psychique qui influerait sur un individu *en mouvement,* se réalise dans la direction et le sens dans lesquels la force agit. C'est la direction et le sens de l'accélération totale J. La grandeur de celle-ci est proportionnelle à celle de la force motrice F. Inversement on dirait que l'intensité F est proportionnelle à la grandeur de J (F $=$ *m*J) pour un *individu déterminé dans une affaire donnée.* Ce coefficient de proportionnalité *m* apparait, donc, dans la *dynamique sociale* en nous donnant aussi la notion de *masse* comme *coefficient de capacité* de l'individu pour le *genre de modification* qui constituera le mouvement (1). Chaque individu devra être affecté d'une masse différente, selon la relation dont il s'agira. Il sera d'une très grande masse, s'il exige l'application d'une très grande

trouvons que ces deux circonstances sont universellement admises pour nos actions volontaires, nous serons disposés à accepter que la même nécessité soit commune à toutes les causes ».

(1) S'il était possible de soumettre chaque individu — dans une relation donnée — à l'expérience nécessaire pour déterminer l'accélération J de son *changement de mouvement* dans la relation considérée, par l'action d'une force psychique F connue (que l'on puisse mesurer), on déduirait expérimentalement ainsi sa masse m $= \dfrac{F}{J}$ *pour cette relation.* Si, inversement, on connaissait la masse de l'individu, une force qui agirait sur lui serait mesurée par le produit de la masse, multiplié par l'accélération que cette force lui imprimerait ; ou bien on pourrait mesurer une force au moyen d'une autre qui l'équilibrerait en agissant simultanément sur le même individu.

force pour acquérir une accélération donnée **J** dans un cas déterminé ; et ce même individu pourra être d'une masse très petite pour une autre relation donnée.

Par le principe de *Galilée* on passe au théorème du parallélogramme pour la composition symbolique de deux forces sociales qui agiraient simultanément sur un individu, en s'appuyant sur la composition cinématique des accélérations correspondant à ces forces. Les forces, de même que les accélérations, sont ici des quantités vectoriales psychiques, représentables par des vecteurs spatiaux qui les symboliseraient.

On peut répéter dans la dynamique de l'individu que, par le moyen de *l'impulsion élémentaire* de la force F dans l'intervalle très petit de temps θ (F . $\theta = m$J . θ), on mesure l'accroissement total trés petit de la quantité de mouvement mv, puisque si (par la cinématique) J. θ donne (en intensité, direction et sens) l'accroissement total très petit de v, mJ. θ donnera celui de mv.

On pourrait faire une très importante objection contre l'adaptation du principe de *Galilée* à la mécanique sociale ; la voici :

Si le changement dans le mouvement de modification d'un individu se réalise dans la direction et le sens dans lesquels agit la force, et si la grandeur de l'accélération est proportionnelle à celle de la force (F $= m$J), il ne semble pas naturel que le coefficient de proportionnalité m soit *constant* pour un individu donné (qui se meut dans une relation considérée, *quelle que soit l'espèce de force* psychique qui agirait sur lui) puisque l'observation et l'expérience nous montrent, au contraire, que chaque individu se meut ou se modifie par certaines espèces d'influences psychiques plus facilement que par d'autres (plus petit coefficient *m*). Ainsi l'on meut un individu donné ou bien on peut le porter à se modifier (c'est-à-dire, à changer son état dans une relation) très facilement par des influences sentimentales, par exemple, et, au contraire, on le modifie très peu par des réflexions qui agissent par l'intermédiaire de la raison, et moins encore par de simples sensations qui affecteraient presque exclusivement sa sensibilité. Ceci étant, comment admettre que le coefficient *m* soit le même pour l'action de ces diverses espèces de forces psychiques sur cet individu ?

Pour répondre à cette objection — qui paraît très grave — je dois rappeler, avant tout, que de même que les trois postulats en *mécanique rationnelle* sont *seulement* admis pour le point matériel, de même en *mécanique sociale*, nous proposons de les admettre *seulement* pour l'individu abstrait et simple que nous avons conçu comme absolument *inerte*, et que nous concevons, en outre, comme absolument indifférent à recevoir les actions des forces psychiques quelle que soit leur espèce et quel que soit l'état de mouvement où il se trouve. Le phénomène que nous observons dans l'expérience sur la plus grande ou plus petite capacité d'un individu donné pour obéir, dans sa vie pratique, à l'action de l'une ou de l'autre espèce de forces psychiques, est un phénomène *d'observation empirique* faite sur cet individu concret et complexe. Il peut intervenir, dans la réalité de ce phénomène, des processus psychologiques compliqués en vertu desquels une influence sentimentale extérieure — par exemple — provoque l'action d'autres forces psychiques qui, en jaillissant de l'intérieur de l'individu naturel et concret (occultes pour l'observateur), renforcent l'effet, sur l'individu abstrait et simple, de la seule influence sentimentale extérieure que l'observateur pourrait apprécier du dehors. De même, et en vertu des processus psychologiques dont nous parlons, une réflexion (même d'une grande valeur) peut produire sur cet individu peu d'effet, parce que cette force intellective se compose avec d'autres forces occultes (intérieures à l'individu naturel) qui contrecarrent son effet, c'est-à-dire l'effet de celle qui agit du dehors. Toutes ces forces sont toujours extérieures à l'individu abstrait et simple. En outre, et comme nous l'avons déjà dit dans les *Préliminaires*, toutes les forces doivent agir réellement et effectivement pour leur action psychique, car s'il n'en était pas ainsi, elles seraient comme nulles pour la mécanique.

De la sorte — et en les considérant toutes pour estimer la résultante — les composantes (ou la résultante) pourraient être regardées comme agissant sur l'individu abstrait et simple doué d'une masse qui serait un coefficient constant de capacité pour la modification dans la relation considérée quelle que soit la nature spécifique des forces.

Les explications que nous venons de donner sont fondées sur ce que la psychologie nous enseigne, touchant les diverses espèces de forces psychiques. Chacune d'elles est associée à beaucoup d'autres de différentes espèces (1).

Elles ont toutes, à notre avis, le même titre pour agir

(1) Il y a dans le cerveau de l'homme d'innombrables voies de communication qui rendent possibles les actions réciproques entre les diverses impulsions.

Le Docteur Höffding, dans son Traité de psychologie, dit que « en pensant que chaque excitation produit dans les cel-

sur l'individu abstrait et simple que nous concevons dans chaque homme ; ce qui n'empêche pas, cependant, de trouver, par l'analyse psychologique, que les forces qui proviennent des idées ne produisent pas les impulsions dynamiques d'une façon *directe*, parce que ces impulsions viennent directement des désirs, c'est-à-dire de sentiments. Mais, après tout, les idées exercent leur action, quoique par l'intermédiaire des sentiments qui les accompagnent, et voilà pourquoi nous les considérons comme des forces lorsqu'elles agissent effectivement.

Toutes les forces seront — pour nos spéculations dynamiques — des quantités vectoriales psychiques avec leurs trois attributs, et nous admettrons leur composition pour une somme vectoriale. Dans cette somme, toutes les actions intérieures et extérieures à la limite *U* de *Mach* apparaissent déjà comme fondues.

Troisième principe (dit *de Newton*). — Nous avons déjà dit dans les *Préliminaires* que nous admettrons aussi dans le psychique le principe : *la réaction est égale et contraire à l'action* ; nous entendons par là que toutes les fois qu'un individu recevra une action psychique pour changer son état de repos ou de mouve-

lules une décharge d'énergie potentielle, et que le résultat de cette décharge dans chaque cellule peut se combiner dans le cerveau avec les résultats sur beaucoup de millions d'autres cellules, — on se sent comme pris d'une espèce de vertige devant l'idée de toutes les combinaisons qui sont possibles.

ment, cet individu exercera à son tour — par réaction — une autre action égale et directement opposée, qui s'applique au point d'où l'action procède. Naturellement, cette réaction étant aussi de nature psychique, elle ne peut être considérée comme une force en *mécanique sociale* que lorsqu'elle s'appliquera à un autre individu ou élément social individualisé (1).

L'action reçue par un individu (ou élément) comme provenant du groupement dans sa totalité, c'est-à-dire, l'*action sociale*, produira (comme toutes les autres) la réaction de l'individu, laquelle sera égale et directement opposée à l'action reçue ; mais comme elle devrait être appliquée à la Société *en masse* (comme on dit vulgairement), son effet serait insensible, à cause de l'énormité de cette masse par rapport à celle du simple individu que nous considérons.

Ce qu'on appelle *force d'inertie* n'est autre chose que la réaction qui émane d'un individu quand il est sollicité par une force F ; et, par le *principe de Newton*, on voit que la force d'inertie sera en sens opposé à F, et que sa grandeur sera mesurée, comme celle de la force, par le produit de la masse *m* par l'accélération J.

Par tout ce que nous venons de dire sur l'adaptation à la mécanique sociale des principes de la méca-

(1) S'il était possible de déterminer expérimentalement les accélérations J et J' que subiraient deux individus par l'action et la réaction réciproques (d'une égale intensité), entre eux, on pourrait alors connaître la relation *m* des masses, dans la circonstance donnée, de ces deux individus, car elle serait égale à la relation inverse de leurs accélérations respectives $\frac{J'}{J}$.

nique rationnelle, on a vu que le changement d'un individu *libre* dans une relation donnée apparaît, pour nous,
déterminé par la force psychique motrice, et par la masse
du point sur lequel elle agit ; de même que le changement d'un point matériel *libre* dans l'espace apparaît
déterminé par la force motrice physique, et par la masse
du point sur lequel elle agit.

Ce que nous avons établi pour suivre nos spéculations mécaniques est, au fond, *analogue* à ce qu'on dit
quand on affirme que les actes en général d'un individu
se produisent *nécessairement* par l'action de la résultante des *motifs* (comme force motrice) sur le *caractère*
de l'individu qui en est sollicité. Il me semble que
l'être abstrait et simple, que nous avons appelé ici
l'individu, ne doit pas être conçu comme cause de son
propre changement d'état de mouvement, sans l'intervention d'aucune force psychique; de même qu'il ne
peut pas être conçu agissant sans motif. Et il paraît
indubitable que l'acte qu'un homme *libre* réalise *par
sa volonté*, l'est *nécessairement* dans la direction et le
sens du motif le plus puissant *pour lui*; c'est-à-dire, que
sa volonté s'oriente dans cette direction et ce sens, ou
plus exactement, dans la direction et le sens de la *résultante* de tous les motifs, chacun d'eux ayant l'intensité que lui attribuera le *caractère* de l'homme même.
Pour moi, *la liberté d'indifférence* dont parlent quelques-
uns, est inconcevable, car je pense aussitôt à cette
vérité incontestable qu'un individu ne peut pas ne pas
vouloir ce qu'il veut.

Si nous pensons à deux individus soumis à l'influence
des mêmes motifs, qui, considérés objectivement, seraient identiques, et si nous supposons que les deux indi-

vidus *n'orientent pas* leurs volontés dans la même di-direction, ni avec une égale intensité, nous voyons ceci comme étant dû à la *différence de leurs caractères*, qui fait que la relation de chaque motif avec le caractère n'est pas la même chez les deux individus. Si l'on admet que le caractère est un et invariable dans chaque individu (pour le cas que l'on considère) on voit que chacun des motifs devient une force d'intensité déterminée pour cet individu, et, ainsi, sa volonté est déterminée par la résultante des motifs comme force motrice, qui est différente pour l'un et pour l'autre des individus en direction et sens aussi bien qu'en intensité. Voilà pourquoi le caractère est un facteur aussi indispensable pour la dynamique de l'individu, que les circonstances où il se trouve placé, puique les intensités des divers motifs qui agiront comme des forces — ou si l'on veut la force des motifs — sont en rapport intime avec le caractère- de l'individu.

Avec un sens profond, Maudsley dit : « Nous pourrions prédire avec certitude la manière d'agir d'un individu dans des circonstances données, si nous pouvions pénétrer les replis les plus profonds de son caractère, et en connaître tous les détours, aussi bien hérités qu'acquis. L'ignorance de ces données est ce qui nous empêche de prévoir les faits futurs. » Et il ajoute: « nous ne pouvons *déduire* le caractère d'un individu que de la connaissance des faits qu'il a accomplis dans sa vie, et des circonstances concomitantes ; car les uns et les autres montrent ce que cet individu *a voulu* et ce qu'il *n'a pas voulu*, c'est-à-dire, montrent son caractère ».

Il convient d'avertir — comme bien d'autres l'ont fait — que si nous admettons que le caractère est

quelque chose d'inhérent à l'homme même, et invariable
dans chaque circonstance, alors même que varieraient
ses connaissances, ses idées, ses sentiments, etc., — c'est-
à-dire quoique modifiant *sa position dans la relation
considérée* — cela n'empêche point que ces variations
n'exercent une grande influence sur la détermination
de sa volonté ; car il y aura des motifs qui pourront
apparaître et exercer leur action sur l'individu quand
il se trouvera dans la *nouvelle position psychique*, bien
que le caractère se soit conservé comme *une constante*
de l'individu pour la relation que l'on considère. A
cause de ces nouvelles forces, l'orientation de la volonté
et son intensité peuvent être très différentes dans une
circonstance ou dans une autre, quoique les circonstances extérieures soient les mêmes et que le caractère
soit aussi resté le même.

Nous avons parlé *de l'individu libre* dans le même
sens qu'en mécanique rationnelle on parle du *point
matériel libre*. De même que cette liberté se réfère à la
non-existence d'empêchements pour que le point matériel puisse obéir à l'action combinée des forces extérieures qui le sollicitent, lesquelles, *nécessairement*, produiront le changement correspondant de l'état de mouvement, ou produiront l'équilibre ; de même, la liberté
de l'individu consiste (pour nous) en *l'absence* d'empêchements pour qu'il puisse obéir à l'action composée
des motifs ou forces extérieures qui le sollicitent,
lesquels produiront, *nécessairement*, ou un changement
dans son état de mouvement ou bien l'équilibre, selon
les cas.

Le sens que nous donnons au mot *liberté* a été parfaitement défini par Hume : « Qu'entendons-nous par le

mot *liberté* quand nous l'appliquons aux actions volontaires ? Nous n'entendons pas, assurément, que les actions aient si peu de liaison avec les motifs, les inclinations et les circonstances qu'il n'y ait un certain degré d'uniformité dans la succession des deux termes, et qu'il soit impossible d'inférer de la présence de l'un l'existence de l'autre ; car tout cela est une question de fait parfaitement indubitable. Nous ne pouvons donc entendre par *liberté* que *le pouvoir d'agir ou de ne pas agir selon les déterminations de la volonté* ; c'est-à-dire, que si nous décidons de rester en repos, nous le pouvons ; que si nous décidons de nous mouvoir, nous le pouvons. Et cette liberté hypothétique est universellement reconnue à tout homme qui ne sera point prisonnier ou chargé de chaînes. Il n'y a pas, sur ce point, de discussion possible ». (1)

Je ne crois pas nécessaire de répéter — nous l'avons déjà trop fait — que ce que nous appelons mouvement

______

(1) Pour accorder la nécessité rigoureuse avec une liberté morale métaphysique (dont provient le sentiment de notre responsabilité) on a recours à la distinction de Kant entre le caractère *empirique* et le caractère *intelligible*. Le premier est celui qui se révèle (comme nous avons vu) en faisant entrer en jeu les motifs qui agissent comme des forces. Et c'est seulement d'une façon empirique — c'est-à-dire par l'expérience et à l'occasion de nos propres actes et de ceux des autres — que se révèle et se connaît le caractère : de là son nom d'empirique. Quant au caractère intelligible comme chose en elle-même (noumène) étrangère à l'espace et au temps, non assujetti à la loi de causalité, et qui sert de *substratum* au phénomène, sans être visible dans le monde de l'expérience, nous ne pouvons pas en tenir compte pour des spéculations positives, — laissant ces élucubrations aux métaphysiciens, qui croient pouvoir s'élever jusqu'à ces réalités mystérieuses.

de l'individu dans une circonstance donnée, est hétérogène avec le mouvement du point matériel dans l'espace qu'on étudie en mécanique rationnelle. A la rigueur le second ne peut même pas être regardé comme représentation du premier, mais comme un *simple symbole*. Dans ces *Essais*, nous nous laisserons toujours conduire par la mécanique rationnelle, mais, bien entendu, le langage de celle-ci sera pour nous purement symbolique. Nous donnons cet avertissement une fois pour toutes.

Lois de l'équilibre et du mouvement d'un individu

Les *principes fondamentaux* étant admis, on peut déduire les lois qui régissent l'équilibre et le mouvement, lorsque l'on considère par abstraction un seul individu *libre* dans une relation donnée, et quand on connaît les forces (en rapport avec la relation donnée) qui agissent simultanément sur lui, les unes émanant de l'intérieur de l'organisme de l'individu naturel et les autres de l'extérieur.

Equilibre. — Si un individu se trouve libre et en repos, ayant une position déterminée dans une relation de caractère social, et s'il est sollicité simultanément par plusieurs forces données en diverses directions et sens dans la relation considérée et avec des intensités connues, chacune d'elles tend à modifier la position de l'individu — en le faisant sortir de l'état de repos — pour lui imprimer un certain mouvement. Ce mouvement aura la vitesse qui correspondrait à l'intensité de chacune des forces, à sa direction et à son sens dans la circonstance dont il s'agit. Il est évident — en vertu de son inertie et de la composition des forces — que (en composant deux des forces et leur résultante avec une troisième, et ainsi de suite) l'effet de tout l'ensemble de forces qui agissent est équivalent à celui de la *résultante finale*. Par conséquent l'effet sera *nul*, et l'individu restera dans la même position qu'il a, sans éprouver aucun changement dans la relation considérée — et comme si on l'avait laissé livré à lui-même — si cette résultante finale est *nulle*, c'est-à-dire, si dans la représentation symbolique, ce qu'on appelle le polygone représentatif des forces est fermé. On dit alors que l'individu libre est *en équilibre* sous l'action de ces forces-là ; ou, d'une autre façon, que les forces qui agissent sur l'individu *s'équilibrent*. De cette façon, on exprime plus clairement que, — par leurs directions et leurs sens particuliers dans la relation considérée et par leurs intensités respectives — les influences sont contrecarrées les unes par les autres.

Donc, la loi de l'équilibre de l'individu libre isolé veut que le polygone représentatif des forces soit fermé. De même, en effet, que cette condition est *suffisante*, elle est aussi *nécessaire* : c'est-à-dire que l'individu étant en équilibre, la condition devra s'accomplir nécessairement, car si le polygone n'est pas fermé, il existera une résultante finale à laquelle obéirait l'individu libre en se mettant en mouvement dans la direction et le sens de cette résultante.

Si au lieu de considérer l'individu libre en repos, nous le considérons en état de mouvement, on dira de même qu'un groupe de forces qui agit sur lui, s'équilibre quand l'état de mouvement n'est pas altéré ; c'est-à-dire, qu'il ne se modifie pas, mais qu'il continue comme si ce groupe de forces n'existait pas. De la même façon que, pour le cas de repos, les forces du groupe en équilibre devront accomplir la condition nécessaire et suffisante que nous venons de formuler.

Avec ceci, nous avons tout dit par rapport à l'équilibre des forces qui agissent sur un individu libre.

Mouvement. — Pour traiter dans toute sa généralité le problème du mouvement d'un individu libre sous l'action de diverses forces données, arrêtons, d'abord, notre attention sur *les données* du problème.

Les voici :

1° *L'état initial* de l'individu dans la relation considérée ; c'est-à-dire : *la position* qu'il a à l'instant que nous considérons comme initial pour l'étude, et *la vitesse* qu'il a dans cet instant en intensité, direction et sens.

2° *La masse* de l'individu dans la relation considérée.

3° *Les diverses forces psychiques* qui agissent simultanément sur l'individu, connues par leurs intensités, directions et sens en chaque instant. N'oublions pas que les seules actions qui doivent être considérées sont celles qui *agissent effectivement* sur l'âme de l'individu, ainsi que nous l'avons dit dans les *Préliminaires.*

En suivant le procédé que l'on emploie en *mécanique rationnelle*, le problème du mouvement se résout en tâchant de déterminer le changement *très petit* de mouvement qu'éprouvera l'individu dans la relation considérée, à partir d'un certain instant et pendant un intervalle de temps très petit, c'est-à-dire, le mouvement que l'on appelle élémentaire, parce qu'en liant ces mouvements élémentaires par loi de continuité *dans le temps* et *dans la relation donnée*, on aurait le mouvement réel et effectif de modification de l'individu dans la relation en question depuis un instant quelconque

t_0 jusqu'à un autre instant quelconque t_1 : c'est-à-dire pendant un laps quelconque de temps.

Pour déterminer le mouvement élémentaire à partir d'un instant donné (instant initial), on commence par remplacer l'ensemble des forces, qui sont connues en cet instant (donnée 3e) par une seule F qui sera la *résultante* de toutes les forces.

Cette résultante trouvée, si l'on applique le deuxième principe fondamental, on déduit l'*accélération* J du mouvement de l'individu en cet instant, car elle aura (en vertu de ce principe) la même direction et le même sens que F ; et une intensité que l'on obtiendra en divisant l'intensité de F par la masse m (donnée 2e) de l'individu dans la circonstance considérée $\left(J = \dfrac{F}{m} \right)$.

Ayant ainsi déterminé en intensité, direction et sens, l'accélération totale j à l'instant initial, il suffira de composer j. θ avec la vitesse initiale v_0 (donnée 1re) et la résultante indiquera — en direction et sens aussi bien qu'en intensité — quelle doit être la vitesse v' de l'individu à la fin d'un intervalle très petit de temps θ. Nous aurons ainsi déterminé le changement de mouvement produit par les forces dans cet intervalle très petit de temps θ. Il est évident que la position de l'individu, quand il devra avoir cette nouvelle vitesse v', s'obtiendra (comme nous l'avons dit en cinématique), en ajoutant à la position p_0 (donnée 1re) le changement ou modification éprouvée dans le temps θ — qui aura la direction et le sens de v_0 et une grandeur qui peut se mesurer à peu près par v_0.

Lorsque, en *mécanique rationnelle*, on considère un point matériel qui n'est pas en liberté absolue de se mouvoir dans l'espace en n'importe quelle direction et quel sens, on dit qu'il a des *liaisons.* La nature *physique* de celles-ci, ainsi que leur disposition particulière dans chaque cas, doivent être étudiées en en tenant compte, dans la mécanique appliquée ; mais en *mécanique rationnelle*, on suppose toujours que ces limitations pour le mouvement s'expriment et se définissent seulement par des équations. Si la liaison est unilatérale, elle est exprimée par une inégalité négative.

Pour les spéculations abstraites que nous tentons dans ces *Essais* sur la *mécanique sociale*, il suffit de dire que l'individu a des *liaisons*, quand il n'est pas en liberté absolue de modifier *sa position* — dans une circonstance — en n'importe quelle direction, ni quel sens.

Si on tentait de faire une mécanique sociale appliquée, il faudrait procéder à une étude minutieuse de la disposition spéciale des liaisons dans chaque cas, car cela aurait une importance capitale. Pour nous, il suffit, maintenant, de concevoir leur existence et de les faire intervenir dans les raisonnements.

Ainsi, après avoir établi les lois de l'équilibre et du mouvement d'un individu *libre*, nous devons ajouter que s'il n'est pas libre, mais soumis à des liaisons, on devra remplacer celles-ci par des forces équivalentes avant d'appliquer ces lois. Et l'on peut assurer dès à présent qu'il y a toujours dans tout individu un genre de limitation auquel est attaché l'être abstrait et simple que nous appelons *l'individu*, savoir : la liaison de celui-ci avec l'être organique de son propre corps. Voilà pourquoi nous avons toujours sous-entendu (en considérant l'individu comme mécaniquement libre) que cette liaison a été remplacée par les forces psychiques qui lui seront équivalentes, quant à l'effet psychique mécanique.

On conçoit qu'il y a beaucoup d'autres genres de liaisons psychiques qui doivent être considérées en *mécanique sociale*. Elles proviennent des rapports existant entre l'individu dont il s'agit et d'autres individus ou éléments sociaux. Ces liaisons sont celles que nous devons considérer en étudiant dans la *deuxième partie* les groupements sociaux au point de vue de la mécanique.

La solution que nous avons donnée au problème du mouvement de modification d'un individu libre, posé dans toute sa généralité, — pour le cas théorique où la force motrice F, résultante de toutes celles qui agissent en chaque instant, variera d'un instant au suivant par loi de continuité, — conduit, naturellement, à un mouvement de l'individu, qui (comme succession de mouvements élémentaires) est symbolisé par le mouvement de trajectoire curviligne d'un point matériel (1).

(1) En posant le problème général ét en indiquant comment on pourrait concevoir — mais non obtenir — sa solution, nous le considérons comme un problème *déterminé*.

John Stuart Mill disait : « Etant donnés les motifs qui seront présents dans l'esprit d'un individu, et étant donnés également le caractère et la disposition de cet individu, on pourrait inférer avec certitude sa façon d'agir ».

Pour nous, en déduisant le mouvement de l'individu, nous avons supposé données la *position initiale* et la *masse* de l'individu (qui semblent correspondre à ce que Stuart Mill veut entendre par la *disposition* et *le caractère*). Nous avons également supposé que les diverses forces psychiques qui agissent simultanément sur l'individu, étant données, elles semblent correspondre aux motifs qui seront présents dans son esprit. Dans ce que Stuart Mill nomme le caractère et la disposition de

Nous avons déjà dit que, dans la réalité du développement de la vie psychique de l'individu, les directions dans lesquelles ont lieu ses changements de position dans chaque circonstance — qui sont les directions de ses vitesses — ne sont généralement pas variables d'un instant au suivant, mais à des intervalles de temps d'assez longue durée pour que le mouvement, dans la réalité, soit *une succession de mouvements de direction constante*, chacun d'eux étant d'une durée relativement longue dans le cours de la vie totale.

Pour chacun de ses mouvements partiels, nous supposons (si la vitesse initiale n'est pas zéro) que la vitesse acquiert — au commencement — une orientation et un sens qui seraient les mêmes que ceux de la force motrice F qui devra continuer maintenant à agir dans tout le temps de la durée de ce mouvement *partiel*. Cela exige que, à l'instant critique du changement de direction dans le mouvement de l'individu, les forces changent d'une double façon : d'abord, pour changer la direction de la vitesse en terminant le mouvement antérieur ; ensuite pour que sa résultante se place — pour ainsi dire — dans la direction qu'elle devra conserver maintenant pour quelque temps.

Mais comme la théorie dynamique antérieurement exposée est *générale,* nous devrons l'appliquer à chacun de ces mouvements de direction constante (représentables par les mouvements rectilignes d'un point matériel) et nous dirons par conséquent : ,

1º. Que si dans un de ces mouvements de direction

l'individu, nous comprenons les forces que nous concevons comme émanant de l'intérieur du propre organisme corporel.

constante, toutes les forces qui agissent incessamment sur l'individu, avaient une résultante F qui fût constante non-seulement en direction et sens, mais aussi en *intensité*, l'accélération J dans ce mouvement de l'individu devrait être aussi *de grandeur constante* $\left(J = \dfrac{F}{m}\right)$; c'est-à-dire que son mouvement devrait être *uniformément accéléré* dans ce laps de temps. Si le sens de F était opposé à celui de la vitesse, le mouvement serait *uniformément retardé*.

2º Que si la direction et le sens de la résultante motrice F étaient seuls constants, l'intensité ne l'étant pas (ce qui arrive fréquemment), le mouvement serait d'accélération variable J ; sa loi de variation se déduirait de la loi de variation de l'intensité de la force, que nous supposons connue (puisque $J = \dfrac{F}{m}$). J étant déjà connu à chaque instant, on sait, par ce que nous avons dit en cinématique, que le calcul de l'accroissement de *la grandeur* de la vitesse en un certain temps, se fait en intégrant les produits J. θ qui expriment *à peu près* les petits accroissements successifs de la vitesse dans les petits intervalles de temps.

*_**

I.

On voit, par tout ce que nous venons d'exposer, que la position psychique que doit atteindre, au bout d'un certain temps, un individu dans une relation donnée d'un caractère social, pourrait se déterminer mécaniquement, s'il était possible de connaître toutes les influences si variées et si nombreuses qui — comme des forces — exercent leur action sur lui, et qui émanent d'une façon très complexe aussi bien de l'intérieur du propre individu naturel, que d'autres individus ou éléments sociaux, et, en dernier lieu, de l'ambiance *naturelle* et *sociale* où il sera placé.

Les lois que nous avons empruntées à la mécanique rationnelle, semblent indiquer que le plan idéal pour l'éducation de chaque individu, en vue de lui faire atteindre (quel que soit son but) une certaine position, à laquelle il pourrait aspirer, *dans une relation donnée,* exigerait :

1° Une connaissance complète du tempérament natif de l'individu, qui nous permettrait de déterminer les forces qui devront agir sur *lui* (comme être abstrait et simple) et qui émaneraient de sa propre individualité naturelle (physiologique et psychologique), en rapport avec les contingences successives et très variées de sa vie ;

2° Une connaissance complète de toutes les influences qui seront exercées comme forces sur lui, en émanant d'autres individus ou éléments sociaux, et aussi du milieu ambiant éducatif naturel et social où il se trouve placé ;

3° Une appréciation de sa masse dans la relation considérée ; et

4° Une connaissance parfaite de la direction et le sens dans lesquels il doit se mouvoir (ou modifier sa position), pour réussir à atteindre par le chemin le plus court la position à laquelle il aspire.

Avec ces connaissances et ces données, le problème de l'éducation consisterait à disposer du milieu ambiant externe éducatif (1), de telle façon que les diverses forces qui en émaneraient, composées avec celles qui émaneront du propre individu,, donnent, en tous les instants, une résultante F qui marque constamment la direction et le sens dans lequel on peut voir réalisé le mouvement de modification de l'individu dans la relation considérée , ; et faire, en outre, que l'intensité de F soit la plus grande possible. Si on parvenait à ce que cette résultante F de tout l'ensemble de forces se conservât toujours *avec cette intensité* et *dans la direction et le sens* que l'on désire, le mouvement (rectiligne) de l'individu serait *uniformément accéléré*, comme nous l'avons vu ; son accélération J serait directement proportionnelle à l'intensité de F, et inversement proportionnelle à la masse de l'individu dans la relation considérée (2).

(1) Nous comprenons ici tout le physique et le psychique qui se trouve hors de l'individu naturel, hors de la limite U de Mach.

(2) Nous avons toujours conçu la *masse* de chaque individu *dans une relation* donnée, comme un coefficient *constant* dans le temps. Mais peut-être devrait-elle être conçue comme variable avec les changements dans *la position* de l'individu, car il semble que la position même doit influer sur la capacité de l'individu pour sa modification. Peut-être aussi pourrait-on dire que l'âge de l'individu, à lui seul, influe sur sa masse, en le douant progressivement d'une plus petite capacité de modification, c'est-à-dire, en augmentant la masse de l'individu avec son âge. Ce sont là des points très délicats et très obscurs, et nous nous abstenons de les approfondir davantage. En *mécanique rationnelle*, on a toujours regardé la masse comme un coefficient, quoique récemment se soit affirmée, parmi les physiciens, l'idée de considérer l'accroissement de la masse comme augmentant quand croît énormément la vitesse.

Nous continuerons à considérer la masse comme constante,

Pour terminer ces légères indications que nous présentons au point de vue exclusivement mécanique, nous dirons que c'est seulement par cet idéal de perfection que l'on pourrait éviter les *zig-zag* qui arrivent fréquemment dans les mouvements de modification des individus pendant leur vie, et qui sont produits, à mon avis, par les forces psychiques qui, en influant comme des composantes sur la direction et le sens de la résultante motrice F, changent parfois la direction du mouvement, en l'écartant de la direction que l'on désirait. Moins de déviations et de *zig-zag* il y aura, et plus nous nous rapprocherons de l'idéal de perfection dans l'éducation, quel qu'en soit le but ; c'est-à-dire, quelle que soit *la position* à laquelle nous désirons que l'individu tende, même s'il ne peut pas réussir à l'atteindre.

OBSERVATIONS. — Nous avons déjà fait remarquer que ce que, sous le nom générique de force, nous avons considéré quant à l'action (statique ou dynamique) sur l'individu, peut être de n'importe quelle espèce, et exercer son influence par la sensibilité, par l'entendement ou par le sentiment, etc. Toutes ces diverses

et ceci pourrait peut-être s'accorder avec les observations que nous venons de faire, en tenant compte dans la mesure des forces psychiques (le jour où la psychologie expérimentale pourrait le faire). Il suffirait, en effet, que l'intensité d'une force F puisse s'exprimer (en mesure) d'après *l'âge* et *la position* de l'individu sur qui elle agit, pour que sa relation à l'accélération y fût un coefficient constant *m*.

De cette façon la masse serait comme une constante de l'individu dans la circonstance considérée, et la difficulté retomberait sur le problème psychologique de l'évaluation des forces.

espèces ont eu pour nous le caractère commun de forces psychiques, c'est-à-dire, de causes de modification de mouvement psychique : nous leur avons attribué une direction, un sens et une intensité. De même que la *mécanique rationnelle* ne se préoccupe pas de la nature spéciale des forces, il n'est pas intéressant pour la *mécanique sociale pure*, de savoir si les forces psychiques, dont il s'agit dans ses spéculations, sont d'une espèce ou d'une autre, pourvu que l'on admette que les unes et les autres obéissent aux *Principes généraux* qui ont été posés comme *postulats*. Nous faisons abstraction complète de quelques questions que l'on pose en psychologie, comme par exemple : si une force intellectuelle, pour produire une impulsion, doit provoquer auparavant chez l'individu un état sentimental (ou passionnel) qui serait celui qui ferait agir réellement l'individu. Nous ne pouvons pas entrer ici dans ces processus dont l'étude incombe aux psychologues ; mais nous devons observer que, si pour la mécanique des corps matériels, les forces qui se différencient le plus les unes des autres par leurs caractères physiques sont traitées par la *mécanique rationnelle* comme des quantités du même genre (en tant qu'elles sont considérées comme des causes de modification de mouvement), et si elles se rapportent à une même unité (la dyne ou le kilogramme), il serait également nécessaire, pour la *mécanique sociale*, que les forces psychiques qui se différencient le plus les unes des autres par leur nature spéciale et par leurs caractères, fussent rapportées à quelque unité commune, au moyen des progrès de la psychologie.

Ce que nous disons des forces psychiques devra s'appliquer par analogie aux *travaux* et aux autres formes *d'énergies psychiques*. Nous en parlerons plus loin.

Nous ne pouvons pas entrer dans des considérations sur la prédominance de l'intellectuel sur le moral, pour produire le mouvement progressif des sociétés. Il semble que les forces qui sont purement intellectives, c'est-à-dire, qui sont dépourvues de tout élément passionnel, ne se contrecarrent, ni ne s'opposent les unes aux autres, de la même façon que les forces sentimentales. Voilà pourquoi on atteint dans les sociétés progressives l'accumulation de connaissances et sa diffusion, et l'on obtient en général un grand développement pour les forces qui proviennent de l'éducation intellectuelle. Mais ces questions sont étrangères à notre étude, de même que la notion de Progrès, si l'on donne à ce mot le sens d'amélioration en général.

**

Théorèmes sur le mouvement de l'individu.

1º THÉORÈME DES FORCES VIVES OU DE L'ÉNERGIE

Si nous adoptons pour les phénomènes sociaux l'ancienne dénomination de force vive, nous nommerons ici *force vive d'un individu en un instant*, le produit de la masse de l'individu (dans le cas dont il s'agira) par le carré de la grandeur de sa vitesse en cet instant ($m.v^2$). On nomme *énergie cinétique instantanée* la moitié de ce produit.

Voyons la définition du *travail élémentaire* d'une force.

Lorsqu'un individu réalise un changement très petit *de position*, dans une relation donnée, dans une direction et un sens déterminés (celle de la vitesse en cet instant) et qu'il le fait en se trouvant sous l'action d'une force quelconque *p*, on dit que cette force fait un *travail élémentaire* ; on appelle ainsi le produit de l'intensité de la force par le petit changement de position *considérée dans la direction de la force*. Ou bien, car c'est parfaitement la même chose, et plus approprié à notre étude : le produit de l'intensité de la force *considéré* dans la direction de la vitesse, par le petit accroissement du paramètre qui définit sa position. On le représenterait dans le mouvement élémentaire d'un point matériel par l'expression P. *ds* . cos. φ ; étant donné *ds* le chemin élémentaire parcouru, et l'angle de la direction et le sens de la force P avec la direction et le sens du déplacement élémentaire *ds* $=$ *v. θ.* — On dit que le travail élémentaire d'une force est *moteur* (positif) lorsqu'*en considérant* la force dans la direction de la vitesse, elle apparaît *dans le même sens* que celle-ci ; lorsqu'elle apparaît *en sens contraire*, on dit que le travail élémentaire est *résistant* (négatif).

On voit facilement — par la loi de la composition des forces — que, si l'individu a été sous l'action de plusieurs forces, le travail élémentaire de la résultante F de ces forces est égal à la somme algébrique des travaux élémentaires des composantes.

Pour laisser établir le *théorème des forces vives (ou de l'énergie)*, examinons cette résultante motrice F $=$ *m*. J, qui considérée dans la direction du mouvement, donne :

$$F . \cos \alpha = mJ . \cos \alpha.$$

On voit que son travail élémentaire est le produit mJ cos $\alpha \times v.\theta$ ou bien $mv \times$ Jθ cos α. Mais comme Jθ cos α (d'après ce que nous avons vu en cinématique en parlant de l'acçélération totale J) peut être considéré comme exprimant l'accroissement très petit éprouvé par *la grandeur* de la vitesse v, et produit par l'action de la force ; si on le représente par dv on voit que le travail élémentaire de F est égal à $mv \times dv$. Et comme le produit $v \times dv$ peut être considéré comme la moitié de l'accroissement très petit qu'aurait éprouvé v^2, et se représente par $1/2\ dv^2$, on a, en définitive, que *le travail élémentaire de F est égal à $1/2\ d.\ (mv^2)$*. Voilà en quoi consiste le fameux *théorème des forces vives*, qui (pour le mouvement d'un individu pendant un intervalle très petit de temps θ) pourrait s'énoncer de la sorte :

La moitié de l'accroissement très petit (positif, négatif ou nul) qu'éprouve la force vive de l'individu, est égale à la somme algébrique des travaux élémentaires effectifs réalisés par toutes les forces qui auront agi simultanément sur l'individu dans son mouvement élémentaire.

Ou d'une autre façon :

L'accroissement très petit (positif, négatif ou nul) de l'énergie cinétique de l'individu est égal à la somme algébrique des travaux élémentaires réalisés par toutes les forces qui auront agi simultanément sur l'individu dans son mouvement élémentaire.

Ce théorème indique clairement :

1º Que si dans un mouvement élémentaire de l'individu, les travaux élémentaires *moteurs* que réalisent certaines forces prédominent sur les travaux élémentaires *résistants* réalisés par d'autres forces, l'énergie

cinétique de l'individu augmentera, puisque son accroissement sera positif ; le mouvement se sera accéléré parce
qu'il y aura eu une augmentation dans la *grandeur* de
la vitesse ;

2° Que si les travaux élémentaires résistants prédominent sur les moteurs, l'énergie cinétique de l'individu
diminuera, parce que son accroissement sera négatif ;
il y aura eu une diminution dans la grandeur de la
vitesse ;

3° Que s'il y a compensation entre les travaux élémentaires moteurs et les travaux élémentaires résistants des unes et des autres forces, l'énergie cinétique
de l'individu ne sera pas altérée, parce que son accois-
sement sera nul ; il n'y aura eu, par suite, aucune
altération dans la grandeur de la vitesse.

Notez que ce théorème n'affecte en rien le changement de direction de la vitesse ; il se réfère seulement
au changement de *grandeur* de la vitesse , puisque cette
grandeur est celle qui intervient dans l'énergie cinétique. Et notez, de même, que dans ce théorème le
temps n'entre pas directement.

Si du mouvement élémentaire nous voulons passer
au mouvement de l'individu par loi de continuité dans
la relation considérée pendant un laps quelconque de
temps, il suffit d'appliquer le théorème à tous les mouvements élémentaires que comporte le mouvement total,
et de faire l'addition.

On voit, tout d'abord, que l'accroissement numérique de l'énergie cinétique, depuis un instant t_0 jusqu'à
un autre instant quelconque t_1, est la somme de tous
les accroissements *très petits* (positifs, négatifs ou nuls)
qu'aura reçus l'énergie cinétique dans tous les mouve-

ments élémentaires successifs. Et si nous appelons *travail total d'une force* qui aura agi d'une manière continue sur l'individu depuis l'instant t_0 jusqu'à l'instant t_1, la somme algébrique des *travaux élémentaires* (positifs, négatifs ou nuls) qu'aura réalisés la force dans tous les mouvements élémentaires successifs, le théorème pour n'importe quel laps de temps s'énoncera ainsi :

L'accroissement de l'énergie cinétique de l'individu depuis un instant t_0 jusqu'à un autre instant t_1 est égal à la somme algébrique des travaux totaux (moteurs et résistants) réalisés dans ce laps de temps par toutes les forces qui auront agi sur lui.

Ainsi nous voyons que l'énergie cinétique de l'individu dans une circonstance, sera à l'instant t_1 plus grande, égale ou plus petite que celle qu'il avait à l'instant t_0, selon que le travail *total* fait par les forces aura été moteur, nul ou résistant. Dire que le travail total a été nul depuis t_0 à t_1, équivaut à dire que les travaux totaux positifs ou moteurs de certaines forces ont été compensés par les travaux négatifs ou résistants d'autres forces. Et il est évident que si dans tous et chacun des instants il y avait eu compensation des travaux moteurs et résistants, il y aurait *conservation de l'énergie cinétique de l'individu pour tout son mouvement dans la relation considérée* ; et ce mouvement devrait être nécessairement uniforme.

Aussi bien pour le mouvement élémentaire que pour celui qui se réalise en un laps de temps quelconque, l'expression du théorème se simplifie, si l'on se souvient qu'en chaque instant la somme algébrique des travaux élémentaires de toutes les forces est égale au travail élémentaire de leur *résultante F* en cet instant.

Et ainsi le théorème s'énoncerait en disant :

1° *Que dans le mouvement élémentaire, l'accroissement très petit de l'énergie cinétique est égal au travail élémentaire de la résultante motrice F ;*

2° *Que d'un instant t_0 jusqu'à un autre instant postérieur t_1 l'accroissement de l'énergie cinétique est égal au travail total fait par les résultantes motrices F.*

Si l'on pense attentivement aux effets de l'action (sur l'individu) de la résultante F en chaque instant, on remarque qu'elle produit un double changement dans *l'état de mouvement* de l'individu, savoir : un changement *dans la direction* de la vitesse v qu'il avait, et un autre changement *dans la grandeur* de cette vitesse v.

Le changement de la direction où était disposée à continuer en se modifiant la position de l'individu, se produit par l'influence qu'exerce sur lui la composante de la force, selon une direction dans la relation donnée, qui serait complètement étrangère à la direction de v ; en d'autres termes, par l'influence de la composante de cette nature qu'aurait F. Plus grande sera cette composante F, plus accentué sera le *changement de direction* du mouvement de l'individu. Et l'on comprend bien que la composante dont nous parlons influe *seulement de cette façon*, car elle se borne à appeler l'attention de l'individu — pour ainsi dire — vers une direction absolument *étrangère* à celle qu'il a, afin de l'écarter de celle-ci, mais sans le pousser ni le retenir, c'est-à-dire

sans exercer aucune influence sur son énergie cinétique. Naturellement, si le mouvement de l'individu
se réalise successivement en des directions constantes
qui ont de longs temps de durée, ce que nous venons
de dire sera seulement applicable aux instants *critiques*
du changement de direction.

Le changement dans *la grandeur* de la vitesse v de
l'individu, se produit par la composante F_1 qu'aura la
force dans la direction même de v, celle que nous avons
nommée force F, considérée dans la direction de v. On
comprend que cette F_1 soit celle qui influe très directement sur la grandeur de v', tantôt en poussant
l'individu, tantôt en le retenant, selon que son aspiration serait d'accélérer ou de retarder son mouvement.
Pour le premier cas, le sens de la force F_1 devra être
le même ; pour le deuxième, de sens contraire. Dans le
premier cas, la composante dont nous parlons augmentera l'énergie cinétique de l'individu ; dans le deuxième
cas, il la diminuera.

Ce second effet de la résultante motrice F, c'est-à-dire
le changement de l'énergie cinétique de l'individu, sera
d'autant plus accentué que le travail fait par la force F
sera plus grand, car précisément elle travaille pour
cela, tantôt positivement, tantôt négativement. Celle
qui travaille réellement c'est la composante F_1, car la
première composante que nous avons vue influe seulement pour écarter l'individu de la direction qu'il
tenait, exerce une influence qui *n'est pas de travail*,
puisque, selon la définition de ce mot, son travail est
nul. Voilà pourquoi on dit que *le travail que fait F_1 est*
celui de F.

Mais en revenant sur ce que nous disions : si le changement dans la grandeur de la vitesse v est dû au travail que fera la résultante F de toutes les forces, quelle loi met en rapport ce travail avec le changement de grandeur de v ? A cette demande on a répondu avec le *théorème de l'énergie*, dans lequel est formulée *la loi*, savoir : que *le travail fait par la force F est égal à l'accroissement éprouvé par l'énergie cinétique*.

Sans insister davantage sur des commentaires à propos de ce *théorème*, nous dirons — pour finir — que, dans la vie sociale de chaque individu, les forces qui agissent sur lui — émanant de son propre intérieur, aussi bien que d'autres individus ou éléments, et du milieu ambiant — seront d'autant plus efficaces à l'écarter de la direction où il se trouvera disposé à se mouvoir ou à se modifier par des causes antérieures, qu'elles tendront à lui indiquer des directions étrangères à la sienne. Mais quand on voudra l'entraîner — si on peut ainsi dire — dans sa propre direction et son propre sens, en lui imprimant une plus grande énergie cinétique, on devra arriver, pour la meilleure *efficience* des forces qui actuellement exerceront une action, à ce que celles-ci aient toutes des directions et des sens qui se rapprocheront beaucoup de ceux de sa vitesse actuelle, parce qu'ainsi on travaillera plus efficacement. Et (par la même raison) quand on voudra lui ôter de l'énergie cinétique, on devra exercer toutes les actions, ou bien dans la même direction de son mouvement, mais en sens diamétralement opposé, ou bien dans des directions qui s'en écartent peu, mais toujours en sens contraire. Le travail que l'on fera dans l'un et dans l'autre cas n'est pas perdu, puisque, selon le théorème, il est recueilli tout entier par l'individu sous la forme d'augmentation ou diminution de son énergie cinétique. Il sera proprement recueilli, dans le cas d'augmentation de son énergie cinétique, parce que l'on aura fait un travail positif. Dans l'autre cas, le travail négatif qu'on aura consommé se trouvera compensé en entier par l'énergie cinétique que l'on aura ôtée à l'individu.

Il est inutile d'ajouter — comme nous l'avons déjà dit — que, comme il s'agit de forces psychiques et *d'état psychique* de l'individu dans une relation donnée, tout ce qui a été dit sera seulement applicable quand l'action des forces extérieures sera *reçue* par l'individu *réellement et effectivement* : car si elles n'arrivent pas à lui *psychiquement*, si l'on peut ainsi dire, elle ne peuvent exercer aucune influence. Et pour une *dynamique pratique*, la connaissance parfaite du tempérament physiologique et de la trempe psychique de l'individu serait indispensable — comme nous avons dit plus haut — pour découvrir quelles seraient en chaque instant les forces qui surgiraient de l'individu même. Ainsi seulement pourrait-on disposer convenablement du milieu ambiant pour le but où l'on aspire, quant à l'énergie cinétique. Les forces qui émaneront d'autres individus et éléments sociaux, ainsi que du milieu ambiant physique et social, pourront faire — entre toutes — un grand travail positif — par exemple —, et (par l'observation) nous verrions qu'il se produit, néanmoins, une diminution d'énergie cinétique, à moins qu'elle reste constante, non parce que la loi dynamique de l'énergie ne serait pas accomplie, mais parce qu'il y aurait eu des forces qui, surgissant de l'intérieur de l'individu naturel, auraient fait un travail négatif prépondérant sur celui-là ou l'égalant.

Il faudra bien noter que les forces qui surgissent de l'intérieur de l'individu naturel, ne dépendent pas *seulement* de son organisme bio-psychique, comme d'une entité isolée ; bien au contraire, ces forces seront les unes et les autres ce que sera le milieu ambiant *naturel et social* où l'individu se trouvera placé, ce qui fait comprendre l'énorme complexité et difficulté du problème général théorique (1).

2° THÉORÈMES SUR LES QUANTITÉS DE MOUVEMENT

Pour pouvoir formuler ces théorèmes, rappelons, avant tout, les deux *définitions suivantes* :

1° On appelle *quantité de mouvement instantané*, d'un individu donné, dans une relation donnée, le produit de sa masse dans la relation considérée par sa vitesse en cet instant (*mv*). Mais il convient de bien

---

(1) Dans le théorème que nous avons exposé — et dans ceux qui suivent — on formule des propriétés générales du mouvement de modification de l'individu sous l'action de forces psychiques, n'importe lesquelles. Mais il n'y a pas moyen de constater par l'observation ou l'expérience la vérité de ces propriétés, parce que nous manquons aujourd'hui de procédés suffisamment approximatifs pour mesurer les travaux des forces psychiques d'une part, et de l'énergie cinétique de l'individu d'une autre.

La constatation peut se faire dans la mécanique des systèmes matériels. Bien entendu elle ne se fait et ne peut se faire sur *des points matériels*, qui sont des pures abstractions de la *mécanique rationnelle*, mais sur des corps ; et, pour ceux-ci il est possible de faire ces mesures là grâce au rapprochement propre des observations et des expériences physiques.

En *mécanique sociale* nous ne pouvons aujourd'hui aspirer qu'à prêter notre assentiment aux propositions formulées dans le terrain de la pure spéculation, comme déduites des principes fondamentaux.

noter, dès à présent, que la vitesse est ici considérée avec *sa grandeur, direction et sens*, contrairement à ce qu'il arrivait pour la force vive, où la vitesse n'intervenait que pour sa grandeur. C'est pourquoi la quantité de mouvement est, en dynamique, une quantité vectoriale représentée par un vecteur localisé dans la position qu'a l'individu en un instant donné, de même que la vitesse l'était en cinématique. La grandeur du vecteur dynamique — quantité de mouvement — est la grandeur du vecteur-vitesse, affecté d'un coefficient, qui est la masse de l'individu dans la circonstance ; la direction et le sens sont les mêmes.

2° On appelle *impulsion élémentaire* d'une force F le produit de l'intensité de la force par le temps θ (très petit) de son action. On attribue à ce produit F. θ la même direction et le même sens que ceux de F, et ainsi il y a aussi une quantité vectoriale représentée par un vecteur (dynamique) localisé dans la position que l'individu a en l'instant où la force est F.

Pour voir le *théorème des quantités de mouvement*, pensons d'abord à la résultante motrice F de toutes les forces qui, à un instant donné, agissent sur l'individu ; et commençons par noter que la loi formulée dans le *théorème de l'énergie* se rapportait seulement à la quantité *d'énergie cinétique* que gagne ou perd l'individu par le travail que fait la force. Nous avons fait ressortir — dans les explications données à propos de cette loi dynamique — que ce changement n'est autre chose qu'un des changements produits dans l'état de mouvement de l'individu par l'action de la force motrice F, et nous avons laissé de côté ce qui se rapportait au changement de direction de la vitesse.

Dans le théorème général que nous allons formuler maintenant sur les quantités de mouvement de l'individu en rapport avec les impulsions de la force motrice, on considère — comme nous le verrons — le *changement total* qu'éprouve la vitesse par l'action de la force.

On l'énonce ainsi :

L'accroissement total très petit qu'éprouve la quantité de mouvement de l'individu est égal en **grandeur**, *direction et sens, à l'impulsion élémentaire de la résultante motrice F.* (Voir figure 3).

Dans cette loi dynamique, on voit l'effet total de la force motrice F agissant sur l'individu en un intervalle très petit de temps θ. Elle montre que son impulsion élémentaire dans cet intervalle (F. θ) retombe sur l'individu par le changement total (très petit) de sa quantité de mouvement, qui passe d'une *mv* (en grandeur, direction et sens) (à l'instant *t*) à une autre *mv'* (à l'instant $t \times \theta$) qui se distingue en tout (grandeur, direction et sens) de la *mv* précédente — quoique très légèrement. — Ce changement est exactement égal à l'impulsion élémentaire.

Et l'on comprend bien que la force motrice F affecte ainsi l'individu, en faisant changer *simultanément* la direction de son mouvement et la grandeur de sa vitesse, grâce à l'impulsion que dans sa direction (celle de la force) elle communique à l'individu, en influant sur lui dans l'intervalle de temps θ.

Il n'existe rien d'instantané dans l'Univers ; et pour qu'un changement se manifeste dans l'état de mouvement de modification de l'individu, il faut que la force agisse pendant un certain temps, même très petit, pour qu'il y ait une véritable impulsion qui produise un effet (1).

Si au lieu de considérer l'impulsion élémentaire de la force motrice F, on pensait seulement à l'impulsion élémentaire de la composante F_1, que nous avons vue pour mesurer le travail élémentaire, cette impulsion élémentaire serait égale à l'accroissement *seulement en intensité*, qu'éprouverait la quantité de mouvement depuis l'instant t jusqu'à l'instant $t + \theta$, ce qui nous mène à ce *second théorème* :

L'accroissement très petit qu'éprouvera la grandeur de la quantité de mouvement de l'individu, est égal à l'impulsion élémentaire $F_1 . \theta$ de la résultante motrice F, considérée dans la direction de la vitesse. (Voir figure 4).

Cette loi servirait — comme a servi le *théorème de l'énergie* — si nous nous préoccupions seulement d'apprécier les changements dans la grandeur de la vitesse. Nous employions, auparavant, les changements produits dans l'énergie cinétique par *le travail de la force* F. Maintenant nous emploierons les changements produits dans la quantité de mouvement par l'impulsion de F_1, qui est la force F, *considérée dans la direction de la vitesse.*

On arrive, par l'un ou par l'autre théorème, aux mêmes conclusions, en considérant le *signe* du travail dans l'un, ou le *sens* de la force, considérée dans la direction de la vitesse, dans l'autre.

(1) Ce qu'il est possible d'étudier, ce sont les lois infinitésimales des décroissances. Ici, par exemple, il faudrait, à la rigueur, concevoir θ comme une variable qui décroît indéfiniment. Je ne puis pas m'arrêter maintenant à ces subtilités.

Revenons au premier *théorème général* des quantités de mouvement. Pour l'appliquer à un laps quelconque de temps, il suffit de le voir dans tous les mouvements élémentaires que comporte, par loi de continuité, le mouvement total. Ainsi, par des compositions successives des diverses impulsions élémentaires F, avec les successives et diverses quantités de mouvement, on passerait d'un instant initial t_0 à un autre instant quelconque postérieur t_1, et l'on obtiendrait la quantité de mouvement mv_1 (en intensité, direction et sens) en ce dernier instant, si la force — variable d'un instant à l'autre — a agi d'une façon continue dans ce laps de temps.

Dans un ordre d'idées voisin — bien que plus simplement — nous appliquerons le second théorème au laps de temps depuis l'instant t_0 jusqu'à un autre instant t_1, pour déduire la *grandeur* de la quantité de mouvement mv_1, en ce dernier instant, puisqu'il suffirait de faire la somme algébrique des accroissements successifs (positifs ou négatifs) des quantités de mouvement, dans les mouvements successifs élémentaires. Chacun de ces accroissements très petits serait égal à l'impulsion élémentaire de la résultante motrice, *considérée dans la direction de la vitesse en chaque instant*, en supposant toujours que les forces agissent d'une façon continue dans tout le laps de temps que l'on considère.

Le théorème de l'énergie, de même que le second théorème sur les quantités de mouvement, seraient d'une application très facile aux mouvements partiels de direction constante de l'individu (rectilignes), où la résultante motrice F a constamment la même direction du mouvement, si l'on supposait que l'intensité de F fût *constante*, car :

1º Pour *le théorème de l'énergie*, le travail total fait par F se mesurerait alors simplement par le produit de son intensité F (constant) par le chemin que l'individu aurait parcouru dans la même direction de la force (1) : ce produit exprimerait l'accroissement d'énergie cinétique, obtenu pendant le mouvement partiel dans cette direction.

2º Pour le second *théorème des quantités de mouvement*, l'impulsion totale de F se mesurerait simplement par le produit de son intensité F (constant) par le temps de son action, et ce produit exprimerait l'accroissement de la quantité de mouvement, obtenu dans le mouvement partiel que l'on considère.

Naturellement, pour qu'il y eût, en ce cas, *conservation* de l'énergie cinétique ($1/2\ mv^2$) ou *conservation* de la quantité de mouvement (mv) il faudrait que la résultante F fût constamment nulle, ce qui est évident *a priori*, parce que le mouvement serait, en vertu du *principe de l'inertie*, rectiligne uniforme.

Les individus qui, dans leurs mouvements partiels en chaque direction, conservent une énergie cinétique constante — ou une quantité de mouvement constante — sont ceux qui, par leur tempérament physiologique et leur trempe psychique, résistent aux forces ou sollicitations extérieures ou intérieures, qui tendent tantôt à l'accélérer, tantôt à le retarder. Et, pour arriver à l'uniformité dans ces mouvements partiels de direction constante, c'est-à-dire, pour que la résultante motrice F soit *constamment nulle*, malgré ces sollicitations qui

---

(1) Ce chemin parcouru se mesurerait par l'accroissement du paramètre servant à définir la position.

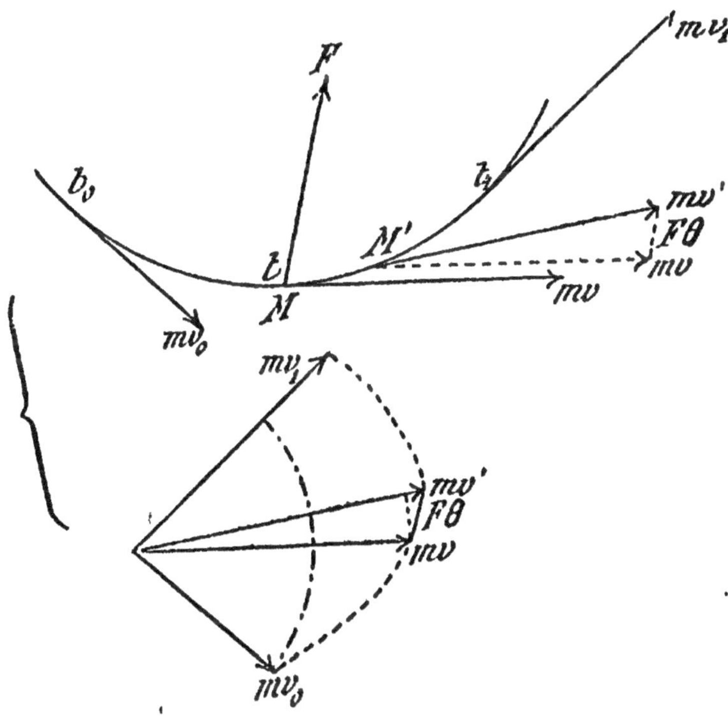

Fig. 3.

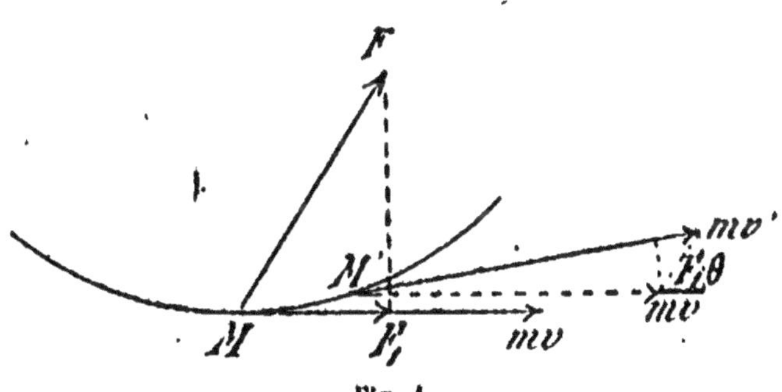

Fig. 4.

émanent du milieu ambiant externe ou interne, il faut
que de l'intérieur de l'individu naturel (sciemment ou
inconsciemment) surgissent d'autres forces qui les contrecarrent à tout instant.

3° Théorème de la moindre action

On appellera *quantité élémentaire d'action* d'un individu dans un intervalle très petit de temps, à partir
d'un instant t, le produit de la grandeur de sa quantité
de mouvement à l'instant t (mv), par le petit changement de position opéré dans l'intervalle θ, c'est-à-dire,
par l'accroissement très petit du paramètre. Si l'on symbolise le mouvement élémentaire de l'individu par celui
d'un point matériel dans l'espace, l'expression de la
quantité élémentaire d'action est $mv \times ds$, ds étant le
déplacement très petit réalisé dans l'intervalle θ.

ds peut être regardé comme égal à $v.\,\theta$; on voit alors
que la quantité élémentaire d'action dans cet intervalle, à partir de l'instant t, peut se définir aussi bien en
disant que : elle est le produit de la force vive de l'individu en cet instant mv^2 par le temps très petit θ. C'est
absolument identique. On appellera *quantité totale d'action* de l'individu dans un laps quelconque de temps T
(depuis un instant t_0 à un autre t_1), quand il passe d'une
position a à une autre position b, la somme ou intégrale des infinies *quantités élémentaires d'action* entre
ces deux instants ; dans la représentation pour un point
matériel on écrirait ainsi :

$$\int_{s_0}^{s_1} mv.ds \quad \text{ou} \quad \int_{t_0}^{t_1} mv^2.dt$$

Quoiqu'il nous semble difficile d'adapter au psychique la supposition sur laquelle repose le *théorème de la moindre action*, nous dirons que si les forces psychiques qui agissent sur un individu étaient assimilables — par les lois de leur action — aux forces que l'on considère dans les phénomènes de la nature, comme les centrales newtoniennes ou, plus généralement, comme les forces attractives et répulsives, avec des intensités qui dépendraient seulement des positions, sans que les vitesses des points auxquels elles s'appliquent y influent, on pourrait adapter ce *théorème de la moindre action* au mouvement de l'individu et — abstraction faite du rigorisme infinitésimal — l'énoncer ainsi :

Le mouvement effectif qu'un individu réaliserait en parcourant d'une certaine façon sa trajectoire (en sens figuré) pour passer d'une position a (instant t_0) à une position b (instant t_1), dans une relation donnée, serait tel, par ses changements successifs et continus de position et de vitesse, que :

L'intégrale ou somme de toutes ses quantités élémentaires d'action, depuis l'instant t_0 jusqu'à t_1, serait un *minimum* (1) dans le mouvement réel et effectif, par rapport à toutes les façons de se mouvoir qu'on pouvait concevoir dans d'autres trajectoires pour atteindre le même changement ou modification de position, en passant de la première position a à la dernière b.

Ou, plus brièvement :

Que la quantité totale d'action d'un individu dans son

---

(1) Ce pourrait être un minimum ou un maximum. Nous disons minimum, parce que nous supposons que dans la question un maximum ne serait pas admissible.

mouvement réel et effectif, serait un MINIMUM *par rapport aux autres mouvements, par lesquels il pourrait passer de sa première position à la dernière.*

Si ce théorème était certain pour les relations d'ordre social parce que les forces sociales se trouvent dans le cas que nous avons dit, on en déduirait — de même qu'en *mécanique rationnelle* — une conséquence très intéressante, savoir : que si le passage d'une position a à une autre b devait se faire nécessairement avec un mouvement uniforme d'une vitesse v, toujours la même dans les différentes trajectoires possibles, l'individu réaliserait ce passage dans son mouvement *effectif* (si les forces psychiques naturelles étaient comme les physiques sus-visées) *dans le plus petit temps possible, et avec le plus petit développement possible,* dans ses conditions propres individuelles et dans les conditions du milieu ambiant. En effet :

1° La quantité totale d'action serait, cela supposé, le produit de la force vive *constante* mv^2 par le temps total $T = t_0 - t_1$ employé ; donc, son minimum correspondrait *au minimum de T* ;

2° La quantité totale d'action serait aussi le produit de la quantité de mouvement *mv constante* par le développement total S ; donc, son minimum correspondrait aussi *au minimum* de S.

OBSERVATION FINALE. — La théorie générale exposée sur l'équilibre et le mouvement d'un individu, ainsi que tous les théorèmes que nous avons énoncés et commentés, sont applicables à ce que nous avons appelé *élément social* dans les *Préliminaires*. Nous supposions que la collection d'individus qui le constituent pourrait être individualisée pour l'étude mécanique, de telle façon qu'en chaque instant on pourrait connaître en grandeur, direction et sens, sa vitesse et son accélération totale. Les forces qui peuvent agir sur la collectivité d'individus — comme telle collectivité — devront être regardées comme si elles agissaient sur un individu abstrait et simple qui *symboliserait* l'élément social. Et de la sorte, les forces peuvent émaner d'autres individus et d'autres éléments sociaux du même groupement, et aussi de l'ambiance ou milieu social externe dans lequel l'élément vit. D'autres forces peuvent émaner de son propre intérieur (c'est-à-dire, des individus mêmes qui forment l'élément social), mais en jouant le rôle d'extérieur, pour cet *être psychique* individuel qui servira de symbole abstrait à l'élément social.

STATIQUE ET DYNAMIQUE

DEUXIÈME PARTIE

Equilibre et mouvement des groupements sociaux.

Statique Sociale.

THÉORÈME DES TRAVAUX VIRTUELS

Pour faire l'étude en général de l'équilibre des groupements sociaux, il convient de rappeler le théorème dit *des travaux virtuels* en *mécanique rationnelle*, dans laquelle nous considérons d'une façon géné:ale et abstraite les systèmes de points à liaisons. En termes généraux, on peut dire que la statique est renfermée dans ce grand théorème, duquel on déduit la solution de presque tous les problèmes particuliers de l'équilibre (1). *La condition nécessaire et suffisante* de l'équilibre y est exprimée. C'est-à-dire que si l'équilibre existe, la condition *s'accomplira nécessairement*. Et réciproquement, si la condition s'accomplit, elle *suffira* ; c'est-à-dire que l'équilibre *existera*. La condition dont

---

(1) On sait qu'en mécanique rationnelle on ne considère pas qu'il puisse y avoir des frottements ni des adhérences entre les différentes parties. En ce que nous rappelons ici, on admet, en général, que les liaisons sont bilatérales, et qu'elles peuvent se définir analytiquement par des équations.

nous allons parler donne donc, en général, *la loi* et indique en une certaine façon (comme nous le verrons) la raison d'être de l'équilibre.

On suppose que les liaisons du système par équations sont bien définies, c'est-à-dire qu'on sait *comment* chaque point de ceux qui le forment est lié aux autres. Il est évident que si un point n'avait aucune liaison avec aucun des autres points, il ne ferait point partie du système : ce serait un point isolé, et il ne devrait être nullement considéré (en étudiant l'équilibre du système) comme une entité.

Si on suppose, encore, comme parfaitement connues en intensité, direction et sens, toutes les forces qui agissent sur tous ou quelqu'un des points du système dans les positions qu'ils occupent, on voit qu'il y a des forces qui peuvent émaner ou provenir du dehors du système : on les appelle (ainsi que nous l'avons déjà dit) *forces extérieures*. D'autres peuvent émaner de points du système lui-même : on les appelle *forces intérieures* au système. Et il faut bien remarquer qu'en vertu du principe de l'action et de la réaction, les forces intérieures qui agissent sur des *points du système* sont toujours *conjuguées deux à deux*, tandis que les forces extérieures ne le sont pas ; car lors même que chaque force extérieure aurait une force conjuguée, celle-ci n'est appliquée à aucun point du système, mais à quelque chose qui est en dehors et qui ne nous intéresse pas.

Il est évident que la condition nécessaire et suffisante pour l'équilibre du système est que chacun des points qui le constituent soit en équilibre ; mais pour savoir si chaque point est en équilibre, il serait nécessaire de connaître absolument toutes les actions

exercées sur lui, et nous ne nous tiouvons pas dans
ce cas ; car si nous supposons connues les forces qui
agissent *directement* sur chaque point, nous ne connaissons pas, en général, les forces qu'exerce sur chaque point
(comme autant d'actions *indirectes*) l'ensemble du système, par le moyen des liaisons. En un mot, les forces
dites des *liaisons* nous sont, en général, inconnues pour
chaque point : aussi la considération de l'équilibre point
par point apparaît-elle comme irréalisable pour parvenir à établir la condition nécessaire et suffisante de
l'équilibre du système. Mais on observe et on démontre
qu'en imaginant un ensemble de déplacements *virtuels*
très petits — des points du système — *compatibles
avec les liaisons* qui s'y trouvent, la somme *algébrique
des travaux virtuels* de ces forces inconnues ou liaisons
peut être considérée comme nulle (nous laissons de
côté les subtilités infinitésimales) ; et de là, on déduit
que pour ces déplacements dont nous parlons, la somme
des travaux virtuels des autres forces devra être *nulle* (1).

Ce n'est pas ici la place de la démonstration (qui
est longue et difficile) de ce grand *théorème*. Nous avons
seulement voulu rappeler très brièvement les notions
qui précèdent et qui nous intéressent, pour les énoncer
sous forme vulgaire, ce qui permettra leur adaptation
à la *statique sociale*. En laissant de côté, comme nous
l'avons dit, le rigorisme infinitésimal, nous dirons que
si un système de points entre lesquels il y aura des

---

(1) N'oublions pas que le travail élémentaire d'une force pour
un déplacement très petit (réel ou virtuel) de son point d'application, est positif (*moteur*) quand le déplacement estimé dans
la direction de la force a le même sens que celle-ci ; et qu'il
est négatif (*résistant*) quand il a le sens contraire.

liaisons, se trouve en repos en une certaine position, et si sur tous ou quelques-uns des points agissent des forces quelconques connues, le système restera en équilibre, ou autrement dit, les forces s'équilibreront dans le système grâce aux liaisons, si cette condition est accomplie, savoir : *Que, si l'on conçoit très peu changées les positions des points de n'importe quelle façon, mais en respectant les liaisons, la somme algébrique des travaux virtuels de toutes les forces données pour les déplacements virtuels de leurs points d'application respectifs soit nulle* (1).

Ou autrement encore : *Que, tenant compte de toutes les forces, la somme numérique des travaux virtuels moteurs (positifs) soit égale à celle des résistants (négatifs).*

Cette condition *suffisante* pour l'équilibre, est aussi *nécessaire*, c'est-à-dire, que, s'il y a équilibre, elle s'accomplira.

En passant à la statique sociale et en assimilant les individus et les éléments sociaux qui constituent un groupement, aux points d'un système, et en concevant que le fait de faire partie du groupement, signifie que chacun des individus et des éléments sociaux est lié

(1) On dit que ces déplacements sont *virtuels*, non effectifs, parce qu'ils sont purement conçus comme un artifice pour apercevoir les mouvements élémentaires que pourraient faire les points du système, vu la nature de ses liaisons mutuelles. Et ces déplacements doivent être conçus, en général, comme très petits pour qu'ils se rapportent à la disposition et à la forme où se trouve le système, et non à une autre différente.

de quelque façon à d'autres individus et éléments (ensemble de liaisons qui sera d'autant plus complexe et varié que le degré du groupement sera plus élevé) ; et en supposant, enfin, que, dans une *position* donnée du groupement, on exerce sur quelqu'un ou sur tous les individus et les éléments sociaux, des forces psychiques qui viennent du dehors du groupement ou d'autres individus ou éléments du groupement même, ou bien de l'ensemble ou la totalité de celui-ci, — nous dirons que la loi de l'équilibre du groupement, avec ses liaisons, sous l'action de toutes ces forces, très variées (condition nécessaire et suffisante pour que toutes les forces s'équilibrent dans le groupement social, moyennant les liaisons), est la suivante :

Qu'en concevant des changements très petits dans les positions données des individus et des éléments du groupement, qui soient compatibles avec les liaisons, la somme numérique de tous les travaux virtuels moteurs, soit égale à celle des résistances.

Si on considère cette proposition comme expressive de la loi de l'équilibre dans un groupement social, on voit que toutes les forces ou influences psychiques — (qu'elles viennent de l'extérieur, ou qu'elles procèdent d'initiatives des individus particuliers ou des éléments constitutifs du groupement même, ou encore qu'elles émanent de l'ambiance sociale) — qui agissent sur les individus et sur les éléments sociaux en des directions et sens très variés et avec des intensités quelconques, *ne produiront aucun effet de mouvement*, c'est-à-dire, de *changement de positions*, s'il s'accomplit cette condition essentielle qui équivaut à une *compensation*. Mais l'effet se manifestera dans le système par la *tension des liai-*

sons. Voilà pourquoi l'on dit, en toute exactitude, que les forces données s'équilibrent dans le système ou groupement *selon les liaisons.* Si ces liaisons étaient suffisamment vigoureuses, dans le groupement social que l'on considère, pour supporter les pressions ou tensions qu'elles subissent, l'équilibre serait assuré (1). Mais si elles ne résistaient pas aux pressions ou tensions, les liaisons se briseraient et le groupement serait détruit, c'est-à-dire, qu'il cesserait d'être tel qu'il était. Les forces auxquelles il aurait été soumis, aussi bien de l'extérieur que dans l'intérieur du groupement même, auraient été trop énergiques pour la résistance que les liaisons offraient, et cette faiblesse relative des liaisons du groupement envisagé aurait alors été la cause de sa ruine, quoique ces forces se fussent équilibrées entre elles — selon les liaisons — s'il y avait eu la vigueur suffisante dans la constitution interne du groupement social.

Pour chaque relation de caractère social que l'on voudra étudier au point de vue *statique,* en faisant abstraction des autres circonstances sociales dans le groupement, on devra arrêter l'attention :

1º Sur les forces en rapport avec la relation considérée et qui arrivent au groupement du dehors de lui-même, en notant bien les individus ou éléments du groupement auxquels elles s'appliquent, et sur qui elles agissent *effectivement* et *directement* ;

2º Sur les initiatives, ou pour mieux dire, sur les forces *effectives* (d'une nature appropriée à la circonstance) qui

---

(1) Ceci est toujours admis dans les systèmes que considère la *mécanique rationnelle,* puisqu'il s'agit du cas idéal où les liaisons seraient *indéfiniment résistantes.*

émanent d'individus et éléments du groupement même ;
en aspirant à connaître non seulement leurs directions,
intensités et sens, mais aussi les individus ou les éléments sur qui elles s'exercent et agissent *effectivement*
et *immédiatement* ;

3º Sur l'examen des liaisons sociales qui devront entrer principalement en jeu, pour ainsi dire, pour trans-
mettre des uns aux autres individus ou éléments les
actions des forces, aussi bien extérieures (1º) qu'intérieures (2º).

Si par rapport à une affaire juridique — par exemple
— nous pensons qu'une nation donnée a — en un instant où nous la considérons — une *position déterminée* ;
et si nous supposons (pour simplifier) que les individus
et les éléments nationaux se trouvent en cet instant en
état de repos dans la relation considérée, sans vitesse
de modification d'aucune espèce (1), on dira que cette
nation se trouve *en équilibre dans l'affaire* si elle reste
dans *cette même position* et si elle conserve son état de
repos, malgré les influences qui, comme *forces sociales*,
extérieures et intérieures, s'exercent sur les individus et
les éléments de la nation pour changer ses positions
dans l'affaire juridique dont il s'agit. On dira alors
que toutes les forces s'équilibrent ; et cet équilibre sera
produit, parce qu'il y aura des individus et des éléments
de la nation intéressée dans l'affaire, dont les aspirations
s'opposeront — par exemple — à l'influence de quel-

____

(1) Cette hypothèse ne se présente presque jamais. Quelle
que soit l'affaire dont il s'agisse, dans les nations qui se trouvent dans la civilisation moderne, nous verrons que, dans le
cas du mouvement, on peut appliquer ce que nous disons dans
le cas du repos pour l'équilibre d'un ensemble de forces données.

ques-unes des forces qui viennent de l'extérieur et à
d'autres qui émanent des individus et éléments nationaux, peut-être aussi renforcées par l'action sociale.
Pour équilibrer toutes ces forces, il faudrait calculer convenablement ces forces-là dans leurs directions, intensités et sens, ainsi que dans leurs points d'application,
en comptant indispensablement avec les liaisons (telles
qu'elles existeront) selon lesquelles on devrait parvenir
à l'équilibre social dans l'affaire. Et il est indispensable,
disons-nous, de compter avec les liaisons intérieures du
groupement, parce que si le théorème des travaux virtuels est admissible — tel que nous l'énonçons pour la
mécanique sociale — nous devons penser que la compensation pour l'équilibre n'est pas — en réalité — une
compensation de forces, mais une *compensation de travaux virtuels possibles*. Cette possibilité dépend d'ailleurs
des changements élémentaires possibles dans les positions des individus et éléments, et cela dépend, enfin,
des liaisons auxquelles sont sujets les individus et les
éléments. On voit l'immense complexité du problème
s'il fallait déterminer des forces qui feraient équilibre à
d'autres données sur une position connue du groupement. D'ailleurs, ce problème, ainsi posé, serait indéterminé si l'on envisageait exclusivement *l'aspect mécanique*. Si l'on imposait aux forces psychiques d'autres
conditions *étrangères à la mécanique*, le problème pourrait alors être déterminé ou absurde. Nous reviendrons
plus loin sur cette considération, qui est d'une grande
importance. Mais en nous bornant maintenant à voir
comment un groupement social peut rester dans la même
position qu'il a dans une affaire sociale quelconque, il
convient d'observer ce qui arrive souvent chez les peuples

peu civilisés et (plus remarquablement encore) chez les peuples d'une civilisation stagnante. Le mépris et la haine qu'ils ressentent pour les buts de notre civilisation, éveillent dans ces sociétés des forces psychiques intérieures très intenses ; ces forces sont celles qui équilibrent quelquefois les forces extérieures qui leur arrivent de l'Europe, et tendant à mettre en mouvement quelqu'un de ces groupements sociaux qui sont en repos.

Le même fait mécanique est également observé dans les pays qui se trouvent en plein dans le courant de la civilisation moderne. Ici les forces intérieures qui s'éveillent pour contrecarrer l'action d'autres forces sont des composantes pour les résultantes motrices. Si elles ne parviennent pas (dans la plupart des cas) à empêcher le mouvement de modification, elles contribuent quelquefois, par leur influence, à le modérer, dans certains groupements sociaux privilégiés, pour qu'il se réalise doucement — pour ainsi dire — et évite la rupture violente de quelques liaisons sociales. En plus de ces forces proprement conservatrices, la suppression ou la modification de quelques liaisons et l'établissement d'autres liaisons nouvelles pourraient dans beaucoup d'autres cas contribuer au même but.

Mais en revenant à notre affaire, tâchons d'appliquer la loi générale de l'équilibre à un nombre quelconque de forces sociales, agissant de n'importe quelle façon sur les individus et éléments d'un groupement donné, et prenons le cas plus simple de deux forces seulement. Supposons, pour simplifier, qu'il y ait une seule force extérieure qui aspire à modifier dans une certaine tendance les positions actuelles des individus et éléments du groupement (que nous considérons en repos dans une relation de caractère social) et qu'il y ait une seule force — extérieure de même — qui tende, au contraire, à modifier en sens inverse les positions actuelles dans la même relation donnée (1). L'une et l'autre forces peuvent exercer leurs actions comme appliquées directement sur deux individus — ou sur deux éléments — ou sur un individu et un élément, et par leur intermédiaire influer sur les positions des autres individus et éléments en général, puisque les points d'application (individus ou éléments individualisés) seront liés de diverses façons au reste du groupement, et que à celui-ci, en général, l'influence des deux forces envisagées sera transmise par les liaisons (ainsi que nous l'avons déjà dit).

La condition essentielle pour l'équilibre des deux forces sera, non celle de l'égalité de leurs *intensités psychiques* — pour ainsi dire — mais celle de l'égalité de leurs *travaux virtuels de signe contraire*. Ou, autrement dit : la relation des intensités des deux forces devrait être égale à la relation inverse des changements de position que pourraient virtuellement acquérir leurs deux points d'application sans briser les liaisons, en estimant les forces dans les directions des déplacements respectifs des points d'application pour que les produits, c'est-à-dire, les travaux virtuels, soient égaux.

On verrait, donc, pour le cas de deux forces, ce qui suit : qu'une force d'intensité psychique très petite pourrait équilibrer une autre relativement grande, s'il

(1) Ce cas particulier est purement théorique pour les grands groupements, parce qu'il n'arrivera presque jamais que les forces extérieures qui agissent, quant à une affaire, sur un groupement social de quelque complexité, soient seulement deux. Dans une simple famille, le cas se présentera plus souvent.

était permis, par les liaisons intérieures du groupement, au point d'application de la première un changement de position très grand (dans la direction de cette force), et, au contraire, que le point d'application de la deuxième force ne pût — sans briser les liaisons du groupement — faire qu'un changement très petit quant à sa position dans la relation considérée. Peut-être cette considération mécanique (identique à celle que l'on fait en *mécanique rationnelle* sur les deux forces dites généralement puissance et résistance, qui se font équilibre dans une machine simple telle que le levier, le tourniquet, etc.) servira-t-elle à expliquer le fait, merveilleux pour quelques-uns, qu'une force psychiquement insignifiante par sa petitesse, soit capable — ainsi qu'on l'observe journellement — de faire équilibre à une autre très grande. Dans les familles — comme des groupements sociaux très simples — il est facile d'en faire l'observation spécialement quant aux relations d'ordre religieux, pédagogique et autres, qui ont un grand rapport avec le milieu social où vivent les familles.

Pour terminer ces indications générales de *statique sociale,* telle que nous l'envisageons, nous devons avertir que le concept de l'équilibre d'un ensemble de forces sociales, est plus général que celui que nous venons d'exposer plus haut. Ce qu'on a dit pour le cas des forces qui s'équilibrent dans un groupement social en repos, s'applique aussi au cas où le groupement social se trouve en état de mouvement dans une relation donnée. C'est le cas qui se présente ordinairement. Alors un ensemble de forces extérieures et intérieures qui s'équilibrent à un instant donné, devrait être tel que le mouvement continuerait comme si cet ensemble de forces n'existait pas. Les conditions qui devraient s'accomplir seraient les mêmes que si, en cet instant, le groupement, avec ses liaisons, se trouvait au repos dans la même position, puisque les lois ne dépendent que des positions et des liaisons, ainsi que des directions, intensités et sens des forces. Il est presque inutile de dire que si cet ensemble de forces en équilibre n'influe pas sur le mouvement du groupement, il influera, certainement, sur l'état interne de tension des liaisons.

Dynamique Sociale

MOUVEMENT DES GROUPEMENTS SOCIAUX.

La structure (selon le mot des sociologues) d'un groupement social est, en général, dans un perpétuel devenir, non par des mouvements de modification des individus et des éléments sociaux, mais principalement par des modifications des *liaisons* du groupement, qui constituent les formes de la structure : voilà pourquoi l'on dit que, en réalité, l'état des groupements est *dynamique*. Le professeur Charles H. Cooley fait remarquer que les vastes structures et les mouvements d'ensemble des sociétés n'ont pas été, généralement, produits comme les effets d'une volonté consciente qui aurait prévu les processus dynamiques sociaux, mais qu'ils ont résulté

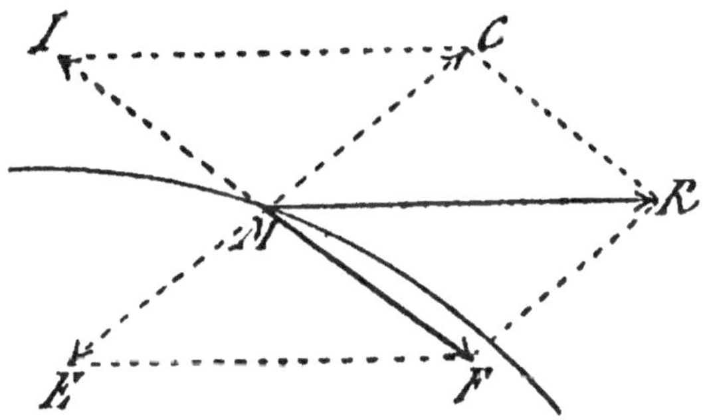

Fig. 5.

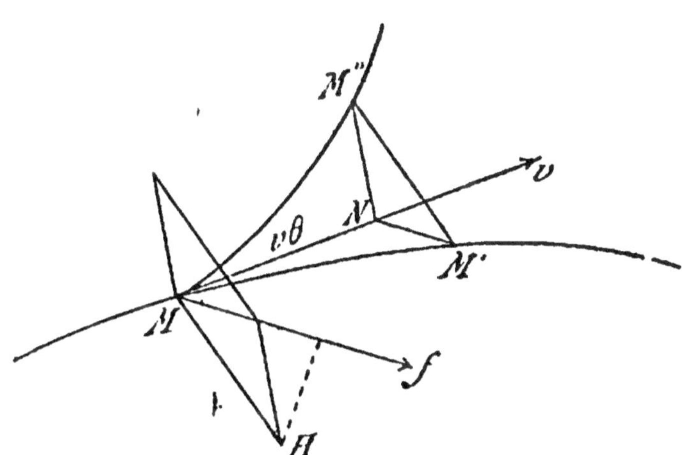

Fig. 6.

(sans avoir été prévus) d'un ensemble de diverses actions exercées par des intérêts particuliers. Le même professeur indique que la sociologie, fondée sur les lois de la *dynamique sociale*, doit étudier la formation d'une opinion publique effective, d'une conscience et d'une volonté sociale, de plus en plus définies, qui permettraient un jour, de réaliser les mouvements de modification des sociétés, en sachant où l'on va et par quel chemin.

Cooley fait remarquer qu'il s'élabore depuis quelque temps dans les sociétés modernes un ensemble d'idées harmoniques pour la vie sociale dans toute sa complexité, et dont la société même a une conscience de plus en plus claire. Avec la connaissance de plus en plus profonde que l'humanité acquiert d'elle-même, et par l'intermédiaire du sentiment, il se forme une volonté sociale consciente. Mais ces idées, très intéressantes au point de vue sociologique général, ne sont pas du ressort de *notre étude*. Ce qui nous intéresse maintenant, c'est la connaissance des lois de l'action dynamique des forces psychiques sociales, intérieures aussi bien qu'extérieures, sur les individus et les éléments sociaux qui, liés entre eux, constituent un groupement donné.

Pour notre étude exclusivement mécanique du mouvement des groupements sociaux, il faut se rappeler le *théorème de d'Alembert*, en vertu duquel l'étude du mouvement des systèmes de points matériels avec liaisons est réduit, en principe, à l'étude de l'équilibre. Ce théorème est aussi admirable par sa simplicité que par sa fécondité et montre le génie vraiment étonnant de d'Alembert.

Rappelons brièvement le théorème, tel qu'il est exposé dans les traités élémentaires de *mécanique ration-nelle* pour les systèmes de points matériels.

On sait que lorsqu'un système de points matériels, liés entre eux, est en mouvement sous l'action de forces quelconques appliquées à tous ou à quelques-uns de ses points, chaque point du système se meut — en suivant sa trajectoire d'un mouvement déterminé — non seulement par l'action dynamique des forces appliquées *directement* sur lui, mais par cette action combinée ou composée avec celle qu'exerce sur lui tout l'ensemble du système auquel il appartient, et auquel il est lié par certaines liaisons qui, en général, ne lui laissent point la liberté d'obéir exclusivement aux forces agissant directement sur lui. Nous voyons ainsi que la force qui, en définitive, détermine l'accélération du mouvement d'un point du système, est *la résultante* F des forces qui agissent directement sur lui, et des *forces intérieures* qu'il subit au moyen des liaisons.

Eh bien, si le point que l'on considère a une masse m, la résultante motrice F dont nous parlons provoque (par le principe de Newton) une force de réaction ou d'inertie, dont la grandeur est égale au produit de sa masse par son accélération ($m.J.$), et qui a la même direction et le *sens opposé* à celui de la résultante motrice F. On voit donc que ce point — et c'est le même cas pour tous ceux du système — *serait en équilibre à cet instant si, par une fiction*, nous imaginions sa force d'inertie appliquée à lui-même, et agissant ensemble avec toutes les forces, même les forces intérieures, qui proviennent de ses liaisons [avec le reste du système.

Mais la seconde idée, si féconde, de d'Alembert fut

de voir toutes les forces intérieures des liaisons existant dans le système, se produire (au moyen de ces
liaisons) dans l'ensemble de tous les points du système,
et de voir par conséquent :

THÉORÈME : *Que tout le système en mouvement pourrait être conçu dans la position par où il passe à un instant quelconque, comme en équilibre fictif sous l'action en
cet instant de toutes les forces données et de toutes celles
de l'inertie, selon les liaisons.*

Cet équilibre fictif conçu par d'Alembert dans chaque
instant du mouvement, est ce qu'on appelle quelquefois — d'une façon paradoxale — *équilibre dynamique.*
Et les *tensions dynamiques* des liaisons seront à chaque
instant celles qui correspondraient (ainsi que nous
l'avons expliqué en statique) à l'action simultanée des
forces données et de celles de l'inertie en équilibre —
selon les liaisons — sur la position du système en cet
instant.

Avant de terminer cette allusion au *théorème de
d'Alembert*, remarquons ce qui a lieu dans chaque point
M du système, à chaque instant. La résultante R des
forces données qui agissent sur ce point M du système
à un instant donné n'est pas utilisée en entier — pour
ainsi dire — pour le mouvement *effectif* que ce point
réalise, car elle se décompose en deux, savoir :

1º Une composante C, égale et opposée à la résultante E des actions exercées sur ce point par les autres
points du système au moyen des liaisons ; cette composante C a pour but de s'opposer à la résultante E des
actions intérieures des liaisons.

2º Une autre composante F, qui est réellement et
effectivement *utilisée* pour le mouvement du point M :

elle agit dans la direction et le sens de son accélération J, et a la valeur (comme nous le savons) $m.J$. (1).

Par conséquent, si en pensant à la fois à tous les points du système, nous appelions des *forces perdues* pour le mouvement de celui-ci, ces premières composantes C (par opposition dans la dénomination aux forces *utilisées* F), on pourrait dire, selon le théorème de d'Alembert :

Que dans chaque instant, l'ensemble de forces perdues pour le mouvement s'équilibre au moyen des liaisons dans la position du système à cet instant (2).

Ayant rappelé tout ce qui précède, et envisageant une société ou un groupement comme un système constitué par des individus et des éléments sociaux liés entre eux, lesquels se trouvent soumis à l'action des forces qui agissent sur eux — forces que nous avons appelées forces sociales — nous devons penser que les actions et les réactions qui s'exercent entre les individus et les éléments qui constituent le groupement, influent sur le mouvement de tous les individus et de tous les

---

(1) Naturellement cette composante F, dont on profite pour le mouvement du point M, peut avoir une intensité *égale*, *plus grande ou plus petite* que la résultante R dont elle provient.

(2) Nous ne pouvons pas entrer ici dans la considération des équations différentielles de deuxième ordre où nous conduit le développement analytique de la solution du problème général de la dynamique, ni moins encore de hous référer à la forme donnée par Lagrange aux équations différentielles, en limitant le nombre de variables aux strictement nécessaires.

Je ne parviens pas à voir comment on pourrait en mécanique sociale, pousser l'étude jusqu'à ces profondeurs.

éléments ; puisque en dernier lieu la communication s'établit à travers les liaisons du groupement même, dont ils forment tous partie. — Ces inter-actions seront d'autant plus complexes que la variété et la complication qu'il y a dans la structure du goupement seront plus grandes.

Eh bien : si nous pensons que chacun des individus et des éléments constitutifs du groupement a sa *masse* déterminée pour une relation donnée, nous pourrions énoncer le *théorème de d'Alembert* (que nous admettons pour la *dynamique sociale*) de la façon suivante :

THÉORÈME. *Chacune des positions par où passe successivement un groupement social dans le temps, pourrait être considérée comme une position d'équilibre* (équilibre dynamique), *si aux forces psychiques données qui agissent sur lui, et aux forces intérieures des liaisons, on joignait — par une fiction — les forces d'inertie de tous les individus et de tous les éléments de groupement.*

Ce qui, plus brièvement, revient à dire :

Que, en un instant quelconque, toutes les forces données et toutes celles de l'inertie seraient en équilibre grâce aux liaisons.

Il vaudrait mieux, peut-être, et ce serait plus propre à la *dynamique sociale*, adapter l'expression du théorème par son rapport *à ce qui est utilisé* et *ce qui est perdu* quant aux forces agissant sur le groupement, pour changer l'état où il se trouverait, par rapport à une relation donnée, en un instant donné. En effet, si l'on pense que, dans le changement d'état de chaque individu ou élément l'on n'utilise (pour ce changement) qu'une composante F de tout l'extérieur R qui agit sur lui, puisqu'il faut nécessairement employer une première composante C à équilibrer, c'est-à-dire, à s'opposer aux influences des liaisons que pourrait avoir l'individu ou l'élément avec le reste du groupement (1), on voit, comme en *mécanique rationnelle* :

Que dans chaque instant et dans chaque position d'un groupement social, les composantes des forces extérieures perdues pour le but de la modification effective qui s'opère dans la société à cet instant, devront être équilibrées par les résistances des liaisons sociales.

Et il est à remarquer que ces *tensions dynamiques* auxquelles sont soumises en chaque instant les liaisons sociales proviennent de l'action simultanée et composée des forces données, qui tendent à modifier la société, avec les forces d'inertie de tous ses individus et ses éléments ; et que, ces tensions devant résister, les liaisons se rompraient si elles n'avaient pas la résistance suffisante pour les supporter. Cela explique bien — à mon avis — le fait que les groupements, telles certaines nations (l'Angleterre, par exemple), qui sont doués de liaisons sociales internes très rigoureuses, puissent bien supporter de grands mouvements de modification, c'est-à-dire de grands changements d'état, qui s'opèrent dans un laps de temps relativement petit, sous l'action de forces sociales d'une grande intensité (c'est ce qui arrive à l'heure présente) ; tandis que si l'on soumettait d'autres nations à des forces motrices très intenses, qui tendraient à modifier profondément leur état, il se produirait dans leurs liaisons internes un relâchement, suivi de la rupture de beaucoup d'entre elles.

(1) On comprend que ces liaisons influent de cette façon indirecte, sur l'utilisation des forces extérieures, tantôt pour la favoriser tantôt pour lui nuire.

La désorganisation correspondante pourrait occasionner la désagrégation même du groupement, si la rupture portait sur les liens essentiels. Parfois la fermeté ou la grande résistance de ces liens essentiels d'un groupement social peut le sauver de la ruine malgré la perturbation qui suivrait la rupture de quelques-unes de ses liaisons moins résistantes. L'Espagne en a été un bon exemple (1). ·

Mais laissons de côté cette digression et occupons-nous du problème de la *dynamique sociale*, puisque nous avons admis le *théor.me de d'Alembert*.

De même que nous l'avons fait en parlant d'un seul individu sous l'action de plusieurs forces, voyons, avant tout, les données du problème dans sa généralité.

Ce sont les suivantes :

1° *L'état initial* du groupement dans la relation que l'on considère. Cela comprend non seulement *les positions* des individus et des éléments à l'instant que nous supposons comme initial pour l'étude, mais encore *leurs vitesses* respectives — en intensité, directions et sens — en cet instant.

2° *Les masses* (pour la relation) de tous et chacun des individus et des éléments constitutifs du groupement.

3° *La nature* ou *constitution* des diverses liaisons internes qui peuvent influer sur la relation dont il s'agit ;

____

(1) Cela correspond peut-être à ce que dit Durkheim : « Vouloir réaliser une civilisation supérieure à celle que réclame la nature des conditions ambiantes, c'est provoquer la maladie dans la société dont tous font partie, car il n'est pas possible de surexciter l'activité collective, en dépassant un certain degré déterminé par l'état de l'organisme social, sans en compromettre la santé ».

ces liaisons sont celles qui définissent, pour ainsi dire, le groupement que l'on considère (1).

4° *Toutes les forces effectives* qui (en rapport avec la relation considérée) seront appliquées directement sur tous ou quelques-uns des individus et des éléments du groupement. Ces forces seront très variées en intensités, directions et sens. Elles peuvent émaner (nous le savons) d'individus ou d'éléments extérieurs au groupement, en venant, pour ainsi dire, du dehors, ou bien elles peuvent émaner d'individus ou d'éléments intérieurs, c'est-à-dire formant partie du groupement même, ou bien encore, elles peuvent provenir du « tout » social.

Cela posé, le problème de la *dynamique sociale* — dans toute sa généralité — consiste à déterminer *quel sera le mouvement de modification du groupement social dans une relation considérée*. Pour y parvenir, on pourrait commencer par trouver le *mouvement élémentaire* ou l'ensemble de changements très petits en un intervalle très petit de temps, et entrelacer ensuite, par loi de continuité dans le temps, ces mouvements élémentaires, en le faisant pour tous et chacun des individus et des éléments qui font partie du groupement. On pourrait encore aspirer à la détermination directe des lois des mouvements de tous et chacun des individus et des éléments du groupement, avec les trajectoires correspondantes (en employant ce mot au sens figuré).

Remarquons que pour la détermination du mouvement de chaque individu ou élément social, nous avons certainement connaissance de son état initial et de sa

----

(1) Naturellement dans *l'état initial* (que nous avons énoncé comme *première donnée*) les positions et les vitesses doivent être compatibles avec ces liaisons.

masse (donnée première et seconde) ; mais une difficulté
très grave se présente quant à la force motrice, car si
nous connaissons bien toutes les forces données qui
agissent sur lui (donnée 4me) *nous ne connaissons pas
les forces intérieures* qui s'exercent de même sur lui,
moyennant les influences des liaisons. Et ce qui rend
encore plus grave la difficulté, c'est que, si ces forces
intérieures des liaisons influent sur le mouvement de
l'individu ou de l'élément social, elles sont influencées,
à leur tour, par le mouvement qu'elles contribuent à
produire, c'est-à-dire, qu'elles dépendent de ce que sera
ce mouvement ; et voilà pourquoi il semble, au premier
abord, que nous nous trouvions dans un cercle vi-
cieux.

Et l'on voit ici clairement la grande fécondité
du *théorème de d'Alembert*. En l'employant, on évite
en principe la difficulté, puisqu'on regarde les individus
et les éléments sociaux, non un à un — pour ainsi-dire —
mais dans leur ensemble et en tant que parties du « *tout* »
social. En effet, la question ainsi considérée, on voit
que *l'équilibre dynamique* qui doit exister entre toutes
les forces données R (donnée 4me) et celles de l'inertie
I — grâce aux liaisons — oblige celles de l'inertie à
accomplir les conditions essentielles de l'équilibre, que
nous avons déjà exposées dans le *théorème des travaux
virtuels*. De la sorte, en imposant aux changements
virtuels de position *en chaque instant* la mesure avec
les liaisons connues (donnée 3me), on parviendrait à
déterminer, au moyen de ce *théorème de statique*, les
forces d'inertie de tous et de chacun des individus et des
éléments. Cela nous donnerait déjà la solution du problème général de la dynamique, puisque chaque force

d'inertie changée de sens (bien entendu, dans la même direction) et divisée par la masse de l'individu ou de l'élément auquel elle correspondrait, nous donnerait l'accélération du mouvement de celui-ci, et le mouvement même serait alors parfaitement déterminé (cinématique) par la connaissance (donnée 1re) de son état initial.

On voit bien, et il est presque inutile de le souligner, que les difficultés seraient énormes, et, à mon avis, insurmontables aujourd'hui sur ce point (1).

(1) E. Durkheim voit clairement que les transformations ou modifications d'une société ne peuvent se dériver exclusivement des précédents historiques — soit, l'héritage social — (qui fournissent seulement *l'état initial* dont nous avons parlé) ; car il est impossible de concevoir comment cet état pourrait être *la cause* déterminante de l'état suivant. Comme ce sociologue le dit très bien, les progrès réalisés dans l'ordre juridique, politique, économique, etc., jusqu'à un instant donné, rendent *possibles* de nouveaux progrès, mais ne les *prédéterminent* point ; ils constituent tout simplement un point de départ qui permet d'aller plus loin. Et il ajoute que ce que l'on y voit est une série de changements parmi lesquels le seul rapport qui existe est exclusivement chronologique (nous dirions cinématique) et qu'il n'existe pas entre eux une liaison de cause à effet, c'est-à-dire, que l'état précédent *ne produit pas* l'état suivant.

Nous ne pouvons suivre ce sociologue lorsque, en concevant la société comme un être collectif de nature *sui generis*, il voit sortir de ses entrailles mêmes (et non des individus ou des éléments) les forces naturelles qui produisent les changements dans les faits sociaux, tels qu'il les définit. Il s'explique la variété des formes ou types sociaux (qui caractérisent ce qu'il nomme *espèces* sociales) par la diversité des milieux sociaux, comme il les conçoit.

***

Le *problème inverse* est le suivant : Etant donné en un instant initial l'état où se trouve (positions et vitesses) un groupement par rapport à une relation de caractère social, en supposant connues les masses de ses individus et éléments dans la relation considérée, et en supposant connue également la constitution interne du groupement par ses liaisons ; admettant, enfin que le groupement ait un certain *mouvement déterminé*, quelles sont les forces capables de produire ce mouvement (1) ?

On comprend que ce problème inverse — ainsi posé

(1) L'énoncé de ce problème inverse correspondrait bien, peut-être, avec ce que dit M. Gumersindo Azcarate dans son *Concepto de la Sociologia*, car on voit que :

1° L'état initial, dans les positions et les vitesses, provient de toute *l'histoire* du groupement dans la relation que l'on considère, et, par conséquent, la connaissance de l'état initial, comme héritage social, peut équivaloir à l'ensemble *de ce qui a été fait*, comme dit M. Azcarate.

2° La constitution interne du groupement définit le groupement particulier dont il s'agit, tel qu'il est à l'instant où on le considère. Azcarate suppose ceci comme sous-entendu, à mon avis.

3° Les directions, sens et grandeurs des vitesses dont les individus et les éléments sociaux doivent continuer à se mouvoir, correspondent peut-être *à ce que*, — selon l'expression d'Azcarate — *l'on doit faire, à ce que l'on doit obtenir.*

4° L'ensemble des forces convenablement disposées en grandeur, direction et sens, et les points d'application pour réaliser le mouvement que l'on veut obtenir, correspond, peut-être, à *la manière de faire*, comme dit Azcarate.

Si on sous-entend comme défini un groupement social particulier et déterminé, le problème pourrait peut-être s'énoncer, en disant avec Azcarate : *Ce qui a été fait et ce que l'on doit faire étant supposés connus, comment doit-on faire ?*

— est en général *indéterminé* ; car le mouvement que l'on désire pour le groupement pourrait être obtenu (comme effet) de diverses [façons, c'est-à-dire, par les actions d'ensembles ou de systèmes de forces très différents. Les directions, les intensités et les sens des forces, ainsi que leurs points d'application, sont assez indéterminés si l'on considère exclusivement le problème *dynamique* (1).

(1) Dans tout problème social, *l'aspect mécanique* des forces devra être, à mon avis, subordonné à d'autres aspects, tels que le juridique, l'économique, le moral, etc., en tant que les forces dont il s'agit, comportent ces caractères. (Si le problème même visait une affaire juridique, éthique, etc., on pourrait le traiter mécaniquement ; mais nous ne disons pas cela, maintenant). Cela étant, on voit que parmi les infinies solutions possibles — purement mécaniques — du problème inverse, c'ést-à-dire, parmi les divers systèmes de forces qui pourraient résoudre le problème mécanique, il faudrait accepter *seulement* les ensembles de forces *admissibles* au point de vue juridique, ou moral, ou économique, etc. ; et cela fait comprendre que la solution devant être soumise à ces nouvelles conditions *étrangères* à la pure mécanique, le problème ne sera pas, en général, si indéterminé, si on le considère dans toute sa complexité, et tel qu'il sera posé dans la réalité sociale. Au contraire, les problèmes se présenteront fréquemment comme *incompatibles*, parce que les conditions imposées le seront ; et il faudra parfois mettre de côté quelqu'une de ces conditions pour que les problèmes soient déterminés. Peut-être l'art des hommes d'Etat — ou de ceux qui dirigent l'action des forces sociales — consiste-t-il à bien désigner les conditions qu'il faudra accomplir pour arriver au résultat que l'on désire, et celles que l'on peut mettre de côté avec le moindre préjudice possible pour les intérêts sociaux dans l'ensemble.

Dans l'ordre purement scientifique, c'est la sociologie qui doit rechercher — si cela lui est possible — quels devront être les directions et sens des mouvements pour atteindre l'amélioration dans les diverses affaires de caractère social ; et rechercher de quel genre devront être les systèmes de forces

On pensera peut-être, en considérant l'énorme complexité de ces problèmes de dynamique sociale — ainsi posés dans toute leur généralité — (car il faut suivre pour ainsi dire le mouvement de chaque individu et de chaque élément social) on pensera, disons-nous — qu'il serait plus facile de faire l'étude du simple *mouvement d'ensemble* du groupement social. Nous le ferons ainsi plus loin, en posant un théorème visant le mouvement de ce que nous appellerons *centre des masses* du groupement, par analogie avec le centre des masses ou centre d'inertie (que l'on appelle parfois *centre de gravité*) d'un système de points matériels.

Passons, maintenant, à l'exposition de quelques *théorèmes généraux* de la *dynamique sociale*. Ce sont les mêmes que nous avons exposés en traitant du mouvement d'un seul individu ; et de plus, ce théorème du mouvement du centre des masses, dont nous venons de parler, et le *théorème du moindre effort*, connu sous le nom de *principe de Gauss*.

Théorèmes sur le mouvement d'un groupement social.

1º Théorème des forces vives ou de l'énergie.

En étudiant le mouvement d'un individu nous avons démontré ce théorème et nous avons vu les conséquences qu'on pouvait en tirer. Pour appliquer le théorème, non seulement au mouvement d'un seul individu, mais à

que l'on appliquerait, si ces recherches peuvent arriver à ce point. Il appartient seulement à la mécanique de déterminer les mouvements de modification que les forces produiraient, si ces forces avaient été convenablement définies.

celui d'un groupement d'individus et d'éléments sociaux, nous devons commencer par définir ce que l'on entend par *force vive du groupement en un instant*. On appelle ainsi la somme *numérique* des forces vives qu'en cet instant ont tous les individus et éléments du groupement, et elle s'écrit $\Sigma\ mv^2$. L'énergie cinétique du groupement en cet instant est

$$\frac{1}{2}\ \Sigma mv^2 = \Sigma\ \frac{1}{2}\ mv^2.$$

C'est la somme des énergies cinétiques de ses individus et de ses éléments.

En individualisant ces éléments, et en appliquant à tous et chacun des individus *le théorème*, pour son mouvement élémentaire, et en faisant l'addition, on pourra énoncer le résultat de cette façon :

La moitié de l'accroissement très petit (positif, négatif ou nul) expérimenté par la force vive d'un groupement social, est égale à la somme algébrique des travaux élémentaires effectifs réalisés par toutes les forces extérieures et intérieures qui auront agi simultanément sur le mouvement élémentaire.

Ou d'une autre façon :

L'accroissement très petit (positif, négatif ou nul) de l'énergie cinétique d'un groupement social, est égal à la somme algébrique des travaux élémentaires effectifs réalisés par toutes les forces extérieures et intérieures qui auront agi simultanément sur le mouvement élémentaire.

On comprend l'existence, dans cet énoncé, des travaux *des forces intérieures* de liaison ; car pour considérer *comme libres* tous et chacun des individus et des éléments du groupement — et leur appliquer le théorème —, il

fallait remplacer auparavant l'action des liaisons par
ces forces.

Déductions du théorème :

1° Si dans un mouvement élémentaire du groupement,
les travaux élémentaires moteurs (positifs) de certaines
forces prédominent sur les travaux élémentaires résistants (négatifs) d'autres forces, l'énergie cinétique du
groupement augmentera, parce que son accroissement
sera positif.

2° Si les travaux élémentaires résistants prédominent
sur les travaux moteurs, l'énergie cinétique du groupement diminuera, parce que son accroissement sera négatif.

3° S'il y a compensation entre les travaux élémen-
aires moteurs et les résistants, des unes et des autres
forces, l'énergie cinétique du groupement ne subira aucun changement, parce que son accroissement sera nul.

On sait que les *masses* et les grandeurs des vitesses
sont les seules qui influent sur les énergies cinétiques des
individus et des éléments constitutifs du groupement.

Le théorème sera appliqué à un laps de temps quelconque, pendant lequel les forces intérieures et extérieures auront travaillé d'une manière continue, en faisant l'intégration depuis l'instant t_0 jusqu'à l'instant t_1.

Si nous nous rappelons ce que nous avons nommé
travail total d'une force, le résultat de cette intégration
s'énoncera ainsi :

*L'accroissement de l'énergie cinétique d'un groupement
social depuis un instant t_0, jusqu'à un autre instant
postérieur t_1, est égal à la somme algébrique des travaux totaux (moteurs et résistants) réalisés dans ce laps
de temps par toutes les forces extérieures et intérieures qui
auront agi.*

Et nous voyons, ainsi, qu'à l'instant t_1, l'énergie cinétique du groupement sera plus grande, égale ou plus petite que celle qu'il avait à l'instant t_0, selon que *le travail total* exécuté aura été positif, nul ou négatif. Dans le cas, seulement, où il y aura *une compensation permanente* de travaux moteurs et résistants, il y aura *une conservation de l'énergie cinétique* du groupement *pour tout son mouvement.*

Dans la *Première partie de la Dynamique*, lorsqu'il ne s'agissait que de voir les altérations de l'énergie cinétique d'un individu dans son mouvement de modification sur une affaire déterminée, il était facile, — en se fondant simplement sur le théorème de l'énergie — de déduire des régles pour la *plus grande efficience* des forces, lorsqu'on voulait donner une plus grande énergie cinétique à l'individu dans la relation ; ou, contrairement, lui ôter de l'énergie cinétique. Mais ici, dans cette *Deuxième partie de la Dynamique*, où il s'agit de voir les altérations de l'énergie cinétique de tout un groupement social, avec les mouvements de modification (dans une relation quelconque) de tous ses individus et ses éléments à la fois, il faut se borner à dire ceci :

Si l'on désire une augmentation d'énergie cinétique (dans une relation considérée) pour l'ensemble de tout le groupement, on doit tâcher qu'il y ait beaucoup de forces extérieures et intérieures qui puissent fournir de grands travaux positifs ; et le contraire, quand on voudra diminuer l'énergie cinétique dans son ensemble.

Il est toujours bien entendu que l'on ne compte ici que les forces psychiques sociales de n'importe quel genre (aussi bien extérieures qu'intérieures) qui influeront *réellement et effectivement* sur les mouvements de modification psychique des individus ou des éléments auxquels elles s'appliquent, pour exécuter des travaux *effectifs*.

Cela fait comprendre la nécessité de connaître, pour une *dynamique sociale pratique*, non seulement les tempéraments .particuliers physiologiques et psychiques des individus, la nature ou manière d'être psychique de chaque élément social, mais encore le ton psychique collectif du groupement particulier que l'on considère, car celui-ci se répercute à son tour sur les individus et les éléments constitutifs. On voit bien l'immense difficulté de tout cela.

Nous ne dirons rien de plus maintenant pour ce qui a trait au *théorème de l'énergie*, et nous gardons pour plus loin quelques développements concernant les formes très variées où l'énergie se présente dans la nature, et ses transformations mutuelles. — Nous verrons alors comment il est possible de concevoir *l'énergie universelle*, et l'extension et la portée que l'on pourrait accorder, à notre avis, au principe de la *conservation de l'énergie totale* dans notre monde.

2º THÉORÈMES DES QUANTITÉS DE MOUVEMENT.

Rappelons, avant tout, les définitions (que nous avons données dans la première partie) de *quantité de mouvement* d'un individu — ou d'un élément individualisé — en un instant, et *d'impulsion élémentaire* d'une force. Rappelons-nous toujours que l'une et l'autre sont des quantités vectoriales qui se représentent par des vecteurs localisés dans la position que l'individu (ou élément) a dans cet instant.

Ce simple souvenir suffit pour comprendre qu'on ne peut adopter pour *les théorèmes de la Première Partie*, qui se rapportaient aux quantités de mouvement des individus et aux impulsions des forces qui leur étaient appliquées, le même procédé que l'on a employé pour le *théorème de l'énergie*, en l'appliquant à un groupement social : car il n'y aurait pas de sens à parler de la quantité de mouvement d'un groupement d'individus et d'éléments à un instant donné, comme d'une *somme numérique*, bien que, dans le concept de quantité de mouvement, il entre non seulement la notion de grandeur (comme il en était pour le concept *d'énergie cinétique*, qui est une quantité scalaire), mais aussi la notion de *direction* et *sens*, pour être une quantité vectoriale. Par conséquent, il est évident que chaque individu ou chaque élément social a, en un instant, sa quantité de mouvement définie en *grandeur*, *direction et sens* ; et comme, dans un groupement d'individus et d'éléments, les quantités de mouvement respectives, pour une même relation et dans le même instant, sont en général différentes *en tout*, on ne peut pas parler de somme *numérique* de ces quantités de mouvement, comme on a pu parler de somme numérique d'énergies cinétiques pour définir à un instant l'énergie cinétique d'un groupement social.

Cela nous fait penser (comme en *Mécanique rationnelle*) que si l'on situait dans un même point (soit un individu ou élément individualisé, réel ou fictif, du groupement) toutes les quantités de mouvement des individus et des éléments sociaux avec leurs propres et respectives grandeurs, directions et sens ; et que si elles se composaient comme des forces concourantes, selon la règle pour la composition des vitesses (1), on aurait ce qui s'appelle la *résultante de translation* (qui serait la *somme vectoriale*) des quantités de mouvement.

Il est impropre à mon avis, de donner à cette résultante ou somme vectoriale, le nom de quantité de mouvement du groupement en cet instant. Mais s'il y avait dans le groupement que l'on considère, et pour la relation dont il s'agit, un individu ou élément qui par *sa position* (et par rapport à tout le groupement) pouvait y être considéré en chaque instant, comme *son centre des masses*, généralement appelé centre de gravité, cet individu ou élément (réel ou fictif) serait le plus indiqué pour y trouver cettte résultante de translation ou somme vectoriale de toutes les quantités de mouvement en chaque instant, car cette résultante ou somme nous donnerait en *intensité, direction* et *sens* la quantité de mouvement du centre des masses.

La difficulté qui peut se présenter ici dans la dynamique sociale est celle-ci : que les masses ne sont pas affectées (comme en mécanique rationnelle) à des points qui occupent en chaque instant leurs positions *géométriques dans l'espace*, mais à des individus et à des éléments sociaux qui ont en chaque instant leurs *positions psychiques dans la relation considérée*, et auxquels se rapportent les masses. Et il paraît très difficile de trouver (pour une convention qui comporte un procédé général applicable à n'importe quelle relation d'un caractère social) l'individu ou l'élément qui puisse s'assimiler au centre des masses. Il faudrait tâcher de

____

(1) Dans chaque quantité de mouvement, la grandeur de la vitesse est affectée, comme on sait, d'un coefficient numérique, qui est la masse.

trouver, pour chaque circonstance, cet individu ou cet élément.

Si l'on pense, par exemple, à la manière-d'être-politique d'une nation, et si l'on y conçoit les individus et les divers éléments constitutifs avec leurs masses respectives quant à une affaire politique ; si l'on voit à un instant donné leurs vitesses respectives définies en intensité, direction et sens, et dans ces mêmes directions et sens leurs quantités correspondantes de mouvement, — il semble qu'on pourrait regarder *le centre des masses politiques* de la nation comme personnifié dans le Chef de l'Etat, si celui-ci avait effectivement (ainsi que nous le concevrons pour le raisonnement) une position centrale dans la circonstance à laquelle nous nous rapportons (1). Si on le considérait ainsi et si on le supposait [doué, pour cette conception, d'une masse qui serait la somme politique de tous les individus et de tous les éléments de la nation, on pourrait peut-être dire qu'à ce centre des masses politiques *devrait correspondre* à chaque instant une quantité de mouvement politique qui serait en grandeur, direction et sens la résultante de translation des quantités de mouvement de tous les individus et de tous les éléments de la nation, c'est-à-dire, [qui serait la somme vectoriale de toutes les quantités de mouvement. Et de là on déduirait :

1º Que la direction et le sens de la vitesse du mouvement de modification du Chef de l'Etat — en ce qui

---

(1) Naturellement un chef d'Etat, ainsi conçu, ne dépendrait ni de Constitutions ni de procédés électoraux. Il dépendrait, en tout cas, de la constitution intime de la nation, c'est-à-dire, de la manière d'être politique de tous les individus et de tous les éléments nationaux.

concerne l'affaire politique — *devraient être* ceux qu'indique la quantité de mouvement résultante ;

2° Que la grandeur de la vitesse *devrait être* celle qui résulterait de la division de la quantité de mouvement résultante, par la somme de toutes les masses politiques nationales.

En revenant sur la conception *générale* du centre des masses pour une affaire quelconque, dans un groupement social, il faudrait concevoir ce centre comme étant sollicité par une force motrice qui serait en chaque instant la résultante de translation ou somme vectoriale de toutes les forces qui, comme vecteurs, agissent sur tout le groupement. Ainsi considéré, on pourrait, peut-être, appliquer au mouvement du centre des masses, tous les principes et tous les théorèmes de la *Première partie de la dynamique*. On obtiendrait l'accélération totale J de son mouvement en chaque instant, en divisant la résultante de translation de toutes les forces extérieures appliquées au groupement social par la somme des masses de tous ses individus et éléments. Voilà pourquoi, si la résultante de translation ou somme vectoriale était *nulle* (par une compensation des forces qui agissent), le centre des masses ne devrait avoir aucune accélération, ce qui signifie qu'il *resterait en repos* si celui-ci était son état initial, ou *qu'il garderait la même vitesse initiale qu'il avait.*

Le *théorème général* sur *les quantités de mouvement et les impulsions* de forces pourrait être, maintenant, énoncé comme suit :

L'accroissement total très petit qu'expérimentera le vecteur de la quantité de mouvement du centre des masses, est égal en grandeur, direction et sens, à l'impulsion élémentaire de la résultante de translation ou somme de toutes les forces qui agissent sur le groupement social.

Nous pourrions répéter ici tout ce que nous avons dit à propos de ce théorème dans la *Première partie* ; et l'on pourrait imaginer les mêmes représentations graphiques.

De même, nous pourrions énoncer le *second théorème* sur les quantités de mouvement, si nous ne nous préoccupions que de leur grandeur, en disant :

L'accroissement très petit qu'expérimentera la grandeur de la quantité de mouvement du centre de masses est égal à l'impulsion élémentaire de la résultante de translation de toutes les forces qui agissent sur le groupement, cette résultante étant considérée dans la direction de la vitesse de ce centre de masses.

Les deux théorèmes énoncés seraient appliqués à un laps de temps quelconque par le procédé d'intégration dans le temps, que nous avons employé si souvent. Nous n'insistons plus.

La considération du mouvement du centre de masses d'un groupement, pour une relation sociale quelconque, est d'un très grand intérêt ; parce que *sa position* dans la relation devrait être *centrale* en chaque instant ; *sa vitesse* devrait nous indiquer, en chaque instant, par sa direction et son sens, ainsi que par sa grandeur, quel serait en cet instant *l'état de mouvement* dans la relation où se trouverait le groupement *considéré dans son ensemble* (1).

L'accélération totale (due à *l'influence actuelle* de toutes

(1) Peut-être la vitesse commune ou collective dont nous parons s'accorde-t-elle avec ce que voit Durkheim en définissant tous les faits sociaux par la diffusion qu'ils présentent dans l'intérieur

les forces) devrait nous donner une idée du changement qui s'opérerait dans ce *mouvement d'ensemble* du groupement social, quant à la relation considérée.

Il convient de remarquer, néanmoins, que le mouvement très complexe de tout un groupement social, dans une affaire quelconque, ne serait pas conçu *d'une façon complète*, en considérant seulement ce mouvement du centre des masses ; car celui-ci servirait simplement à nous indiquer le mouvement collectif *d'ensemble*, qui doit être regardé comme un mouvement général d'entraînement auquel participe tout le groupement.

Mais la vitesse effective du mouvement de chaque individu et de chaque élément social, serait une résultante de la vitesse d'entraînement qui lui correspondrait, composée avec la sienne propre, relativement au mouvement d'ensemble du groupement, ainsi que nous l'avons dit dans la cinématique. — Naturellement si, en un instant, et pour une relation déterminée, les individus et les éléments d'un groupement n'avaient aucune vitesse propre (relative) ou s'ils l'avaient dans la même direction et le même sens que la vitesse collective (d'entraînement), quoique d'intensités différentes, tous, tous les individus et tous les éléments du groupement seraient en mouvement en cet instant dans une même direction et un même sens, qui pourraient — dans ce

d'un groupement. Pour nous, la vitesse collective se compose cinématiquement avec une autre, pour donner la forme individuelle à laquelle Durkheim se rapporte. Il faut remarquer, néanmoins, que ce sociologue distingué définit le fait social par les façons de penser, de sentir et d'agir en un instant donné, telles qu'elles sont en cet instant ; c'est-à-dire statiquement, dans le sens que nous donnons à ce mot et dans le sens où nous parlons toujours de mouvement dans ces Essais.

cas, très justement — être appelés *direction et sens du mouvement du groupement* en cet instant.

En revenant au cas général, on voit que l'énergie cinétique de tout le groupement social, à un instant donné, pourrait peut-être être considérée — ainsi qu'en *mécanique rationnelle* — comme formée par deux termes, savoir :

1º *L'énergie cinétique du centre des masses, doué, comme nous l'avons dit, de la masse totale du groupement, et avec la vitesse du centre en cet instant* ;

2º *La somme des énergies cinétiques correspondantes aux vitesses relatives des individus et éléments sociaux avec leurs masses respectives.*

Quant au mouvement d'ensemble — ou mouvement du centre des masses — nous dirons, pour terminer, que si les changements de direction dans son mouvement n'ont lieu qu'à de longs intervalles de temps, le mouvement total ne serait autre chose qu'une succession de mouvements de direction constante (représentables par des mouvements rectilignes d'un point dans l'espace) ; chacun de ces mouvements partiels pourrait être étudié avec la simplification correspondante.

3º THÉORÈME DE LA MOINDRE ACTION.

Ce théorème de la moindre action, que nous avons énoncé dans la *Première partie* en étudiant le mouvement d'un seul individu, pourrait de même s'étendre au mouvement d'un groupement social, si les forces sociales étaient conservatrices et, comme nous l'avons dit alors, assimilables à celles de la Nature, pour lesquelles est formulé le théorème de la moindre action.

En nous rappelant que l'on a nommé quantité élémentaire d'action d'un individu ou élément social, le produit de sa force vive mv^2 en un instant t, par l'intervalle θ à partir de cet instant ; on nommera *quantité élémentaire d'action d'un groupement* le produit de sa force vive $\Sigma\, mv^2$ en un instant, par θ ; et l'on appellera *quantité totale d'action* du groupement l'intégrale ou somme des quantités élémentaires.

Pour énoncer le théorème (en nous écartant, comme toujours, du rigorisme infinitésimal) on dirait :

La quantité totale d'action d'un groupement dans son mouvement réel et effectif, depuis l'instant t_0 (position A dans une affaire), jusqu'à l'instant t_1 (position B dans la même affaire) est un MINIMUM ; *c'est-à-dire moindre que celle qui pourrait correspondre à n'importe quel autre mouvement de ses individus et éléments qui pourraient avoir fait passer le groupement par d'autres trajectoires de la première position A à la dernière B.*

Si ce théorème pouvait être appliqué, on déduirait, — comme pour un seul individu — cette conséquence :

Que si la force vive d'un groupement social se conservait constante dans le temps T que l'on emploierait (depuis le t_0 au t_1) à passer de la position A à la position B, ce passage s'opérerait par le mouvement réel et effectif *dans un temps minimum*, puisque la quantité totale d'action

$$\int_{t_0}^{t_1}(\Sigma mv^2)dt = \Sigma mv^2(t_1 - t_0) = \Sigma mv^2 \times T$$

devrait être *minima*, et que Σmv^2 est supposée constante.

Dans l'hypothèse admise, la réalité — d'après les lois de la Mécanique — donnerait *une économie de temps.*

Nous devons nous borner à cette simple remarque sur *le théorème de la moindre action,* considéré pour un groupement social en état de mouvement. Les développements de certains sociologues n'ont rien de commun avec ce que nous nous sommes imposé dans ce travail et n'ont, à mon avis, qu'un sens très vague.

4º THÉORÈME DU MOINDRE EFFORT.

Avant d'entrer dans l'application aux groupements sociaux de ce *théorème* généralement connu sous le nom de principe de Gauss, il convient de rappeler sa signification en *mécanique rationnelle.*

Si l'on considère l'état où se trouve à un instant donné *t un système de points matériels* entre lesquels il y a des liaisons, on voit chaque point avec sa masse *m* dans une certaine position M, et avec une certaine vitesse *v* (figure 6). Si l'on suppose qu'en cet instant *t, le système avec ses liaisons* est livré à lui-même, on comprend que chaque point M dans le mouvement élémentaire qu'il réalise pendant un intervalle très petit de temps *θ*, ne suivra pas avec la vitesse *v* qu'il avait à l'instant *t* (comme il le ferait s'il était libre, c'est-à-dire s'il était absolument indépendant du reste du système) : car *il n'est pas libre,* mais il se voit obligé de changer son état par la force (*f*) résultante de toutes les actions *intérieures* qu'exercent sur lui d'autres points du système au moyen des liaisons, en l'entravant dans son mouvement. En rappelant la théorie générale du mouvement d'un point, on voit, donc, qu'au lieu de parcourir l'élément de la droite MN = *vθ* dans la direction et le

·sens de v, il décrit un élément MM′ de trajectoire curviligne tangente à MN ; c'est-à-dire, que dans cet intervalle θ *la déviation* du point a été $NM' = \frac{1}{2} j.\theta^2$ par influence, et dans la *direction* et le *sens* de la force f ; et ceci se réalisera (on peut le concevoir) moyennant un certain *effort* de la part du point M ; puisque nous avons déjà dit que la *tendance naturelle* du point était d'aller à N (sans s'écarter) et d'occuper cette position à l'instant $t + \theta$, au lieu d'occuper la position M′.

Ce qui a été dit du point M peut se dire de tous et de chacun des points du système. Et il est bon de bien remarquer que toutes les forces qui ont pour résultantes les forces f pour les divers points, sont des actions mutuelles deux à deux égales et opposées, et qu'elles s'exercent moyennant les liaisons ; voilà pourquoi on peut dire que la somme des travaux virtuels de toutes ces actions est *nulle* ou *négative*.

Si l'on considérait que l'*effort élémentaire* subi par chaque point, était *proportionnel* à f et à NM′ ; comme

$$ f = m.j = \frac{2}{\theta^2} \times m \times NM', $$

on dirait que l'effort élémentaire est *proportionnel* à $m \times \overline{NM'}^2$.

En adoptant cette expression comme *mesure de l'effort élémentaire* pour chaque point, on aura $\Sigma m \times \overline{NM'}^2$ *pour l'effort élémentaire pour tout le système.*

Eh bien : si l'on pense que le point M pouvait — sans rompre les liaisons — être allé à quelque autre position telle que M″ en subissant une autre déviation NM″, à laquelle correspondrait un autre effort $m \times \overline{NM''}^2$, il serait démontré que l'effort pour tout le système

$\Sigma m \times \overline{\mathrm{NM'}}^2$ *serait toujours plus grand que* $\Sigma m \times \mathrm{NM'}^2$ ou en d'autres termes : *que cet effort pour les déviations réelles et effectives des points du système est un* MINI-MUM, *par rapport à toutes les déviations possibles.* Voilà en quoi consiste le *principe de Gauss.*

Et l'on voit que cet effort minimum $\Sigma m \times \mathrm{NM'}^2$ comporte le *minimum* de $\Sigma f \times \mathrm{NM'}$, parce que $\mathrm{NM'} = \dfrac{\theta^2}{2} \times \dfrac{1}{m} \times f$, et par conséquent,

$$m . \overline{\mathrm{NM'}}^2 = m \left[\frac{\theta^2}{2} \cdot \frac{f}{m} \right]^2 = \frac{\theta^2}{2} \left[\frac{\theta^2}{2} \cdot \frac{f^2}{m} \right] = \frac{\theta^2}{2} \left[f . \mathrm{NM'} \right] ;$$

C'est pourquoi le principe de Gauss pourrait s'énoncer en disant :

Que le travail qui se développerait en ensemble (par toutes les forces de liaison) *par suite des déviations serait un* MINIMUM *dans le mouvement réel.*

Tout ce qui précède étant rappelé, l'application aux groupements sociaux considérés comme des systèmes d'individus et d'éléments liés entre eux, nous conduirait à penser : que si, à un instant donné t, on laissait un groupement *livré à lui-même avec ses liaisons*, le mouvement élémentaire de modification qu'il aurait en un intervalle de temps très petit θ, c'est-à-dire *l'ensemble des changements très petits* DE POSITION des individus et des éléments sociaux constitutifs, serait tel qu'il correspondrait au moindre *effort* du groupement pris dans son ensemble. Bien entendu, *l'effort* de chacun des individus et des éléments, se sentant écarté de la position où il serait arrivé si on ne l'eût pas entravé par les liaisons sociales, se considère proportionnel à sa masse pour la relation que l'on considère, et au carré de la déviation élémentaire effective qu'il expérimentera, par rapport à la position qu'il aurait occupée s'il était resté à l'instant *t*, indépendant de tout le groupement.

On pourrait encore penser :

Que le travail que feraient toutes les forces sociales des liaisons dans le groupement, en vertu des déviations de tous les individus et tous les éléments sociaux, serait un MINIMUM.

De même que pour le *théorème* antérieur, nous ne pouvons rien dire de plus quant à ce *principe de Gauss*. Les sociologues en dissertent parfois bien longuement, quoique toujours de façon très vague et en se plaçant sur un terrain très différent du terrain positif où nous nous sommes placés.

Je termine ici l'exposition détaillée, et peut-être fatigante, que j'ai faite des lois de l'équilibre et du mouvement des groupements sociaux, sous l'action des forces psychiques, et selon les liaisons du groupement. Je crois que la lumière répandue par les idées de la *mécanique rationnelle* (qui se rapportaient seulement à un cercle restreint de l'activité de la Nature) permet de pénétrer dans ces régions obscures et inconnues ; voilà pourquoi je m'y suis aventuré, pensant à ces belles paroles de Maudsley :

« La merveilleuse harmonie, l'unité et la continuité qu'il y a dans le Tout mystérieux que nous appelons Nature sont telles, qu'il suffit de se faire une idée exacte et nette d'un cercle restreint de l'activité de ce Tout, pour que cette idée répande immédiatement autour d'elle une lumière capable de pénétrer dans d'autres régions obscures et inconnues, en contribuant de la sorte à établir, et à révéler à notre conscience, de nouveaux rapports harmoniques entre elle et le monde extérieur ».

L'ÉNERGIE UNIVERSELLE

AVERTISSEMENT

Le chapitre intitulé « L'énergie universelle » étant le dernier du livre « *Essais de Mécanique sociale*», quelques passages pourraient paraître obscurs — peut-être incompréhensibles — pour le lecteur.

Chaque fois que l'on parlera de *l'individu*, on doit comprendre par là qu'il s'agit *d'un être de raison* abstrait et simple, analogue (pour la mécanique sociale) au *point matériel* pour la mécanique rationnelle.

Quand on parle *d'élément social*, on doit comprendre qu'il s'agit de toute collection organisée d'individus, dans un groupement social. — Et l'on admet que tous et chacun des éléments sociaux puissent *s'individualiser*, grâce à leur représentation par un centre qui le symbolise. Pour apprécier à leur valeur scientifique ces définitions il faudrait lire les *Préliminaires* du livre. Je crois néanmoins que de telles difficultés ne seront pas un obstacle insurmontable pour que le lecteur puisse se former une idée de ce qu'on dit sur les énergies psychiques sociales.

*_**

Nous avons déjà exposé les principes et les théorèmes principaux de la cinématique, la statique et la dynamique. Nous avons traduit les propositions de la mécanique rationnelle pour formuler celles qui correspondent à la mécanique sociale et qui constituent (pour les phénomènes sociaux) le *modèle mécanique.* (Lord Kelvin). Nous avons demandé au lecteur dans les Préliminaires et à propos de quelques conventions et hypothèses, tout ce qu'il nous fallait pour l'exposition. C'est en nous fondant sur ces suppositions et ces hypothèses que nous avons considéré les lois abstraites de l'équilibre et du mouvement, aussi bien des individus et des éléments sociaux, que des groupements (1).

(1) En rappelant maintenant l'hypothèse du paramètre de n dimensions psychiques, que je proposais dans les *préliminaires* pour définir la position d'un individu dans une relation sociale, il me vient à l'esprit qu'on pourrait peut-être considérer cela comme un exemple de la conception abstraite de quelques mathématiciens allemands — Georg Cantor, en particulier — quant à ce qu'ils appellent *nombre complexe de n nombres réels.* Ces n valeurs réelles différentes $x_1 \, x_2 ... \, x_n$, qui se réunissent dans le nombre complexe) sont exprimées en relation avec leurs diverses unités correspondantes.

Rappelons que ces mathématiciens pensent que chaque valeur du nombre complexe définit la position d'un point — ils l'appellent ainsi — en *un espace arithmétique de n dimensions ;*

Nous avons vu les forces de nature psychique, tantôt s'équilibrant (statiquement), tantôt influant sur les mouvements par leurs impulsions ou par leurs travaux (dynamiquement) ; mais on n'a rien recherché sur l'essence ou nature intime de ces forces, car — nous l'avons dit

et les valeurs x_1, x_2,...... x_n, dont dépend le nombre complexe, sont les n coordonnées de ce point. L'espace arithmétique de n dimensions serait constitué par *l'ensemble* de tous les points possibles en lui, c'est-à-dire de toutes les valeurs possibles des nombres complexes pour toutes les combinaisons de toutes les valeurs réelles possibles des coordonnées x_1, x_2,... x_n, dans les n dimensions de cet espace arithmétique. Et ces mathématiciens démontrent que si l'on considère les n coordonnées de chaque point comme fonctions diverses d'une seule variable u, il résulterait que parmi toutes les valeurs réelles possibles de cet u (d'une seule dimension) et les systèmes de valeurs possibles de x_1, x_2,... x_n, on pourrait établir une correspondance univoque et réciproque de point en point — c'est-à-dire en dernier lieu, que l'ensemble de points ou de positions dans un espace de n dimensions serait *équivalent* à un autre ensemble d'une dimension (ou linéaire).

Or, ne pourrait-on pas établir qu'une relation sociale déterminée — telle que je l'ai conçue dans cet ouvrage — est un exemple d'un espace arithmétique de n dimensions ? Et la position d'un individu dans cette relation donnée étant telle, ne pourrait-elle pas être définie par un nombre complexe, qui serait notre paramètre hypothétique de n nombres réels qui se réunissent en lui ? Et ce nombre complexe ne déterminerait-il pas la position d'un point dans cet espace arithmétique de n dimensions ? Et l'ensemble de toutes les valeurs bien déterminées, ou de tous les points possibles dans un espace arithmétique de n dimensions, n'est-il peut-être pas l'expression idéale (en mathématique pure) de l'ensemble de toutes les valeurs possibles du paramètre de n influences psychiques ?

Et, finalement, la correspondance univoque et réciproque établie par ces mathématiciens — de point en point — parmi les ensembles des systèmes de valeurs réelles possibles de x_1, x_2,... x_n, et les valeurs réelles possibles d'une variable d'une seule dimension, qui conduisent à un ensemble linéaire, ne

dans l'Introduction — nous considérons cela comme insaisissable, et cela n'a pas même de sens pour nous, qui regardons les forces comme de pures abstractions.

Revenons maintenant à la considération du travail des forces, car c'est un thème très important pour la dynamique et peut-être est-il d'un grand intérêt de mettre en rapport les idées de travail et d'énergie dans le jeu mécanique des sociétés, de même que dans la complexion mécanique de toute la nature.

On sait que dans les systèmes matériels étudiés par la mécanique, comme science physique, on nomme *énergie* tout ce qui en se transformant d'une façon quelconque est capable de faire un *travail*.

Quelles que soient les formes que présente l'énergie (thermique, électrique, chimique, mécanique, etc.), elles se transforment naturellement les unes en les autres ; et l'on pourrait mettre en rapport avec elles (au moyen d'équivalences) les travaux correspondants à des mouvements géométriques.

Nous supprimons ici quelques restrictions, comme par exemple, que l'énergie calorifique ne puisse pas se transformer directement en énergie chimique, comme l'énergie chimique ne peut pas non plus se transformer directement en énergie mécanique. En revanche, l'énergie électrique se transforme facilement en toutes les diverses formes connues de l'énergie, et à leur tour toutes ces formes se transforment inversement en énergie élec-

pourrait-elle pas être appliquée également à notre paramètre, comme nous disions dans les *Préliminaires* (p. 50) ?

Nous faisons sous toute réserve les interrogations sus-visées, car les indications pourraient peut-être contribuer à justifier nos hypothèses.

trique. Beaucoup de formes que revêtent les énergies *cinétique* et *potentielle* sont connues ; mais l'on peut assurer que quelques-unes d'entre elles sont encore inconnues pour les hommes de science. Les sciences physiques — en marchant de pair avec la mécanique — ont formulé quelques lois quantitatives pour leur transformation et ont déterminé *l'équivalent mécanique* (1).

Quant aux formes de l'énergie physique qui sont inconnues ou qui n'ont pas encore pu être étudiées complètement, nous admettrons qu'elles puissent se transformer les unes en les autres, et de même pour celles qui sont déjà connues et étudiées. Nous admettrons aussi que toutes les transformations des énergies physiques du monde appelé *inorganique*, sont régies par des lois quantitatives, quoique beaucoup de ces lois nous soient inconnues.

Dans le monde appelé organique (végétal ou animal) l'énergie se manifeste sous de nouvelles formes, beaucoup moins connues pour les sciences nommées naturelles (physiologie et biologie) que ne l'étaient les formes antérieures d'énergie pour les sciences physiques. Les énergies *cinétiques* et *potentielles* qui se présentent

(1) On sait, par exemple, qu'une calorie-gramme (petite calorie), c'est-à-dire la quantité de chaleur nécessaire pour élever d'un degré centigrade (de 15° à 16°) la température d'un gramme d'eau, équivaut à un travail mécanique de 4,17 joules soit 417 × 10⁵ ergs. Un joule valant = 0,102 kilogrammètres, on voit que la *calorie-gramme* équivaut à 4,17 × 0,102 = 0,425 kilogrammètres.

L'équivalent mécanique de la *grande-calorie* est donc de 425 kilogrammètres.

dans le monde organique d'une façon — semble-t-il — différente de celle du monde inorganique, sont évidentes.

Ainsi dans chaque semence, dans chaque œuf, il existe, à n'en point douter, une énergie *potentielle* très compliquée, qui se manifeste ensuite dans chaque végétal ou chaque animal, par un immense et très varié — presque inextricable — développement d'énergies *cinétiques* et *potentielles* par leurs réactions avec le milieu.

Les incessantes et innombrables transformations des énergies dans tout le monde inorganique, se réalisent pour nous dans des moules d'un même genre, pourrait-on dire. Mais en considérant les transformations des énergies en tout ce qu'on appelle *organique*, chez les individus isolés (un végétal ou un animal) ainsi que dans les collections d'individus — qu'elles soient des familles, des genres ou des espèces, — les transformations des énergies semblent s'écarter de ces moules.

Non que ces énergies cinétiques et potentielles nous apparaissent *en elles-mêmes* comme quelque chose de différent des énergies dans le monde inorganique. S'il nous semble que les transformations dans le monde organique sont quelque chose de différent de celles qui se réalisent dans l'inorganique, c'est parce que celles-là se particularisent de telle façon chez les individus, et parce qu'il apparaît de tels caractères et limitations dans les transformations (dans son immense richesse et complexité), que nous ne savons pas y appliquer d'une *façon identique*, des lois comme celles que nous connaissons pour les transformations des énergies dans le monde inorganique, ce qui a fait que beaucoup de savants les appellent *énergies vitales*. Des naturalistes de génie sont parvenus, après des études très approfondies, à établir

quelques lois ; ainsi Darwin, celle des variations et de
la sélection naturelle chez les espèces végétales ou animales ; Lamarck, celles des transformations par adaptation. Il est naturel de penser que ces lois, par exemple,
s'accomplissent dans la Nature moyennant des transformations très compliquées d'énergies cinétiques et potentielles, que la science est encore très loin de bien
connaitre, quoique l'on avance de plus en plus chaque
jour dans son étude (1).

Les manifestations d'énergies qu'étudient la bota-
nique et la zoologie dans la naissance, la croissance et
la vie entière des individus végétaux et animaux, démontrent clairement les transformations des énergies
les unes en les autres dans un même individu.

Mais ces énergies dont nous parlons ne paraissent
pas être essentiellement différentes de celles que l'on
considère dans le monde inorganique. Les sciences
d'application comme l'agronomie, par exemple, en se
basant sur la connaissance de ces énergies, mettent en
relief, au moyen de l'observation et de l'expérience, les
transformations des énergies physiques et chimiques
(cinétiques ou potentielles) en d'autres énergies appelées

______

(1) Le Dantec fait remarquer que les lois de la *sélection naturelle* et de *la survivance du plus apte* n'expriment au fond que
la nécessaire continuité dans l'ascendance généalogique de
tout être qui vivrait à un moment donné. Aucune des variations qui se sont succédé en un énorme nombre de siècles,
et que les ascendants ont de même subies ; aucune ne l'a tué,
parce qu'il aurait terminé en ce moment l'histoire de ses variations.

Bien que les lois naturelles auxquelles obéit la propagation
de la vie ne nous intéressent pas directement, il nous importe
certes de voir que ces processus semblent se réaliser moyennant
des transformations d'énergies.

vitales (cinétiques ou potentielles), dans chaque individu végétal ou animal, et vice-versa. — Ainsi, par exemple les énergies chimiques qu'il y a dans l'eau ou dans l'air, les énergies physiques qu'il y a dans la chaleur, dans la lumière, dans l'électricité, etc., se transforment en d'autres énergies internes chez les végétaux et les animaux. Et, réciproquement, celles-ci se transforment en chaleur, en efforts musculaires qui produisent des travaux mécaniques très variés et fournissent des énergies pour le monde inorganique, etc.

Dans le monde organique, les transformations des énergies du règne végétal en d'autres du règne animal et vice-versa, sont évidentes. Ainsi, par exemple : les énergies *potentielles* qu'il y a dans l'herbe, dans un grain de blé, etc., se transforment grâce au processus de la nutrition, en énergies internes de l'animal. Et vice-versa, les résidus d'un animal apportent des énergies qui deviennent d'autres énergies dans les végétaux, etc...

En résumé : tout semble indiquer, par un coup d'œil rapide, que les transformations mutuelles des énergies physiques, chimiques et physiologiques s'accomplissent aussi bien dans la nature vivante que dans celle qu'on appelle inanimée, quoique l'on ne puisse que très rarement aujourd'hui formuler des lois quantitatives des transformations. Elles se réalisent à notre vue incessamment, et tous les êtres sont si profondément pénétrés par ces transformations dans leur continuité, que l'on y trouve la manière d'être de la nature avec tous ses mouvements et toute la vie.

Sans nous arrêter sur les détails, nous pouvons dire, en termes généraux, que c'est toujours quelque manifestation d'énergie chimique potentielle dans l'organisme,

qui provoque immédiatement chaque énergie physiologique ; et cette énergie chimique potentielle se transforme en énergie physiologique moyennant quelque destruction du matériel organique et la perte correspondante de l'énergie potentielle qui se trouve dans les
réserves. Inversement, les énergies physiologiques de
l'animal, en se transformant en énergies physiques, conduisent (pour se dissiper) à quelque manifestation
d'énergie thermique ou d'énergie mécanique.

L'homme appartenant au règne animal, toutes les
considérations antérieures peuvent lui être appliquées.
Voyons maintenant rapidement ce qui concerne le
monde *psychique*.

Il y a chez les animaux des espèces supérieures —
l'homme entre autres — des énergies psychiques très
variées, qui se rapportent à des sensations, représentations, souvenirs, idées, sentiments, émotions, etc. Ce
sont celles qui nous intéressent ici, car elles sont intimement liées avec ce que nous avons appelé forces
psychiques sociales.

Il semble que ces énergies psychiques surgissent tout
d'abord chez l'animal, au moyen de transformations
internes très compliquées et obscures d'énergies physiques et chimiques par les processus de la nutrition, de
la respiration, etc., en se transformant en énergies physiologiques, et ensuite en d'autres énergies psychiques
correspondantes.

Ces dernières transformations sont encore plus obscures que celles des énergies physiques et chimiques

entre elles ou de celles-ci en énergies physiologiques d'un animal.

On voit que les énergies physiques extérieures arrivent premièrement comme des excitations des sens, puis se transforment en énergies nerveuses intérieures ; et celles-ci se transforment encore dans les organes centraux. Les dernières formes où l'énergie se manifeste, dans le champ de la conscience, sont celles que nous appelons énergies psychiques. Quoique nous ne connaissions pas bien sa nature, la psychologie physiologique a beaucoup avancé dans l'étude des phénomènes psychiques, en voyant ses processus en connexion avec les processus matériels qui leur sont parallèles, c'est-à-dire, avec les processus physiologiques correspondants.

Un écrivain distingué, W. M. Pepperrell Montague, tâche d'établir que : « ce qu'un individu (dans son intérieur psychique) appelle ses sensations, n'est autre chose que ce qu'un autre individu décrirait du dehors comme les formes d'énergie potentielle où se transforment les énergies cinétiques des courants nerveux en traversant le cerveau du premier individu. »

Ostwald dit, que les phénomènes psychologiques peuvent se concevoir comme des phénomènes énergétiques, et être interprétés comme tels, de même que tous les autres phénomènes. Dans tous ces phénomènes de l'énergie appelée nerveuse, on observe que les processus (dans tout le système nerveux cérébral, si compliqué) amènent une consommation d'énergie pendant l'activité psychique.

Notre compatriote M. José R. Carracido, après avoir établi dans son Traité de Chimie Biologique que « le travail spécifique des nerfs correspond toujours

dans toutes ses formes à la consommation d'une certaine quantité de potentiel chimique, affirme « qu'il est
indubitable qu'aucun acte psychique ne se produit sans
un autre matériel correspondant » ; il rejette (comme
aventurée) l'affirmation faite par Gautier que la pensée
n'a pas d'équivalent mécanique ni chimique. L'illustre
professeur espagnol dit que l'on ne peut pas donner
comme démontrée — comme le prétend Chauveau —
la conversion intégrale de l'énergie du travail physiologique en chaleur sensible ; il croit possible au contraire,
que l'activité psychique corresponde à un véritable
travail qui serait toujours une quantité positive, et ne
pourrait pas se réduire à zéro.

Mais si les processus des transformations sont très
compliqués et obscurs (aujourd'hui encore peu connus),
ce qui est clair — et tout le monde le reconnait —
c'est *l'intime connexion et correspondance* qu'il y a entre
les énergies physiques et chimiques, les énergies physiologiques, et leur parallélisme avec les énergies psychiques dans chaque individu ; de telle façon que l'état
psychique d'un individu est en général *fonction* de toutes
les variables, qui constituent l'état physiologique, ainsi
qu'il a été dit. Cela se démontre par une multitude de
phénomènes de la vie ; et il ne pourrait pas arriver
autrement puisque les unes et les autres se produisent
dans le *tout* individuel, qui est *un*.

On observe ces connexions des énergies physiques et
physiologiques et leur correspondance avec les énergies
psychiques (1). On voit, par exemple, qu'un aliment ou

(1) Nous ne rechercherons pas les causes de ces connexions
et de cette correspondance. Mach remarque que la notion de

une boisson déterminés, une certaine température; un grand exercice physique, etc., produisent certains changements dans les énergies physiologiques de l'individu, et provoquent à leur tour d'autres énergies psychiques telles que l'excitation de l'imagination ou de l'intelligence, ou la tristesse ou la dépression de l'esprit, etc., etc.

Inversement, on observe que certains états psychiques de l'individu provoquent d'autres états physiologiques correspondants ; on peut en présenter une foule d'exemples. Un état prolongé de souffrance rend plus lentes les contractions du cœur, ou vice-versa ; une émotion quelconque change le pouls, ou vice-versa ; une brusque impression de chagrin provoque des nausées et de la diarrhée ; une impression de peur influe sur la respiration, sur l'urine et sur d'autres fonctions physiologiques ; un effort des facultés mentales arrête ou retarde la digestion ; un sentiment d'anxiété ou d'angoisse provoque en certaines circonstances un développement énorme de force musculaire, etc., etc.

Quant à la manière de comprendre ces transformations Bain dit (dans son livre « *L'esprit et le corps* ») : si une impression de peur arrête la digestion — par exemple — on doit penser que l'émotion est accompagnée d'un état d'excitation particulière du cerveau, et en général du système nerveux, et cet état est celui qui trouble les fonctions de l'estomac. Et, de même, dans les transformations inverses des énergies physiologiques en énergies psychiques — par exemple — un

cause est très métaphysique — comme nous l'avons déjà dit — et sa place n'est point ici.

stimulant matériel donnant du calme à l'esprit, on doit
penser que ce stimulant (aliment, par exemple) détermine une hyperhémie au cerveau et influe sur les courants nerveux, et à cette façon particulière d'action
nerveuse-cérébrale correspond l'état moral qui se
montre.

Ribot est d'accord avec Bain en concevant que les
états de conscience (émotions par exemple) ne peuvent
se séparer des conditions physiques correspondantes,
et que ce qui objectivement s'exprime par des larmes,
des tremblements, etc., s'exprime en même temps sub-
jectivement par la tristesse, la terreur, etc. Et Ribot
observe, en outre, qu'à la rigueur ce n'est pas une idée
ou un sentiment qui se transforme en un mouvement
ou énergie physique, mais que l'état physiologique qui
accompagne toujours l'état psychique, est ce qui se
transforme en mouvement musculaire, c'est-à-dire; qu'un
état physiologique se transforme en un autre état physiologique. Quant à nous, en parlant d'une façon brève
—bien qu'insuffisamment correcte— nous dirons qu'une
énergie psychique se transforme en une autre énergie
(physiologique) et vice-versa.

Dans toutes les espèces animales où les énergies psychiques se montrent clairement, on observe que ces
transformations d'énergies physiologiques en énergies
psychiques, ainsi que leur inverse, se produisent avec
une merveilleuse facilité et vitesse chez les individus
qui (par la constitution — héréditaire ou acquise —
de leur système nerveux) sont d'un tempérament facile
à émouvoir.

Le Professeur Ostwald considère, comme nous l'avons
dit, que les phénomènes psychologiques rentrent dans

le cadre de la conception énergétique, comme tous les autres phénomènes, et que les énergies psychiques peuvent être considérées comme des transformations des énergies chimiques qui existent dans l'organisme.

Cet illustre Professeur pense que si, entre le groupe des opérations physiologiques et le groupe des opérations psychiques, on ne voit que le parallélisme, et on étudie seulement celui-ci, la séparation entre ces groupes subsiste, et l'on ne pourra jamais voir leur communication. Je trouve cette pensée d'Ostwald un peu arbitraire, car il n'est pas possible de présumer *a priori*, sans risque de se tromper, ce qui résultera — pour la science dans l'avenir — en suivant attentivement et profondément l'étude de ce parallélisme ; et cette attitude de circonspection scientifique est au contraire une garantie de fermeté pour les résultats auxquels on pourrait arriver. Ostwald croit que les phénomènes psychiques ne sont pas de *simples compagnons* des variations des énergies physiologiques, mais qu'ils peuvent s'identifier avec celles-ci.

Le Professeur Ebbinghaus pense que l'unité de la vie psychique correspond à l'unité du système nerveux ; parce que celui-ci est — en une certaine façon — tout l'organisme, en tant qu'organisme vivant. — Pour ce psychologue les énergies physiologiques sont *d'un ordre différent*, et se distinguent bien des énergies psychiques : *elles ne correspondent pas à des réalités distinctes*, mais sont plutôt des manifestations diverses *d'un seul et unique être vivant.*

Cette hypothèse d'Ebbinghaus et d'autres psychologues éminents (hypothèse de l'identité) laisse toujours hors de notre portée ce qu'est cet être, conçu comme un unique principe. Maudsley disait : « Il n'y a pas deux sciences, la psychologie et la physiologie des centres nerveux, et, entre elles, une science hybride qui serait la psychologie physiologique ; il y a *une seule science*, qui est la physiologie du système nerveux, et les phénomènes de celui-ci offrent deux aspects, l'un objectif, l'autre subjectif, qui doivent être étudiés par l'observation externe et interne. » Et il ajoutait que, en tout cas, cette division artificielle peut être admise comme une division scientifique, mais non dans la nature même des choses. Dans un autre endroit, Maudsley dit : « Il n'y a pas deux mondes — celui de la nature et celui de la conscience humaine — placés l'un au-dessus de l'autre et en opposition l'un avec l'autre, mais un seul monde qui comprend tout, et duquel la conscience humaine est une manifestation, un degré d'évolution, peut-être le dernier et le plus parfait ».

En plus des transformations d'énergies physiologiques en énergies psychiques ou vice-versa, il y en a d'autres beaucoup plus intéressantes pour nous ici : ce sont celles des énergies psychiques *entre elles*.

On observe que, dans un même individu ou dans un même élément social quelconque, une idée pensée avec vivacité provoque (ou se transforme en) un sentiment de joie ou de tristesse, d'enthousiasme ou de terreur, etc. Selon les circonstances et suivant le tempérament psychique de l'individu ou de l'élément social, le ton sentimental qui accompagne cette représentation est plus grand ou plus petit. Inversement, un état sentimental provoque parfois une grande activité mentale, ou un ton supérieur de la volonté etc. Il semble indubitable,

que toutes les diverses influences psychiques d'un individu sont en rapport entre elles, s'accompagnent et
sont susceptibles de se transformer mutuellement (1).

C'est, de même, un fait d'observation que la communication d'énergies psychiques d'un individu ou élément
social à un autre. Ces transformations d'énergies psychiques sont celles qui revêtent un caractère *éminemment social*. Les forces psychiques, en agissant comme
forces extérieures comme nous l'avons admis dans
cet ouvrage, exercent leurs actions pour réaliser, grâce
à leur action, les transformations d'énergies dont nous
nous occupons maintenant.

On doit observer — à propos des transformations
d'énergies physiologiques entre elles, physiologiques en
psychiques ou vice-versa, et psychiques entre elles —
qu'il semble exister dans chaque individu une *capacité*
propre, particulière, et déterminée pour chaque trans-

---

(1) Bien qu'une *idée* ou un *souvenir* soit une chose complètement différente d'une *émotion*, il est évident que les premières
peuvent très bien provoquer la seconde. Peu importe, maintenant, pour nous, qu'une idée se transforme d'abord en énergies
physiologiques, et celles-ci ensuite en une émotion ; ou bien
(comme le pensent d'autres psychologues), que l'idée provoque
directement l'émotion, et celle-ci se transforme ensuite en énergies physiologiques. Ce qu'il nous faut remarquer, ce sont *ces
successions et ces transformations*. Le professeur W. James dit
qu'un individu d'un tempérament facile à émouvoir et riche
d'imagination, peut vivre — en la provoquant — une émotion
réelle d'amour ou de colère, grâce au *souvenir* (idéal) · et cela se
prouve par l'observation et l'expérience.

En ce cas apparait un certain état de conscience, qui produit,
comme dit Ribot, un autre état de conscience différent par
association ou par un autre moyen. On peut penser qu'il y a
au fond, une transformation de quelque énergie physiologique
en une autre aussi physiologique.

formation spéciale d'énergie ; par conséquent, il paraît très difficile d'arriver à découvrir des lois quantitatives auxquelles obéiraient les équivalences et qui seraient applicables à tous les individus également (en supposant que l'on puisse mesurer ces énergies).

Le jour où l'on pourrait réaliser cette tentative, il faudrait déterminer — à mon avis — un coefficient particulier pour chaque individu dans chaque genre de transformation d'énergies ; et encore ce coefficient individuel ne serait-il pas constant, mais variable selon l'état particulier où se trouverait à un moment donné l'individu auquel ce coefficient correspondrait. C'est-à-dire que le coefficient individuel devrait être affecté d'un sous-coefficient, fonction de l'état physiologique et psychique. On comprend l'immense difficulté de ces déterminations.

Nous aurons à traiter plus loin de la conservation de l'énergie en son sens purement scientifique. Mais comme observation vulgaire, celle de Bain est très bien choisie. Il dit que si nous dépensons beaucoup d'énergie pour une fonction — exercice musculaire, digestion, pensée, sentiment, etc. — les autres fonctions devront rester momentanément dans une relative inaction. Pour satisfaire à la demande excessive dans un sens, il est nécessaire, dit-il, de fournir moins d'énergie aux autres fonctions ; ainsi par exemple, celui qui emploie une grande quantité de l'énergie nerveuse dont il dispose dans des spéculations scientifiques, ne peut en même temps dépenser beaucoup d'énergie nerveuse dans des actes génésiques, sous peine d'un rapide anéantissement de l'organisme nerveux cérébral.

Mais quoi qu'il en soit à ce sujet, ce qui peut être

affirmé — au point de vue mécanique — c'est que les énergies psychiques de l'individu trouvent des limites dans les énergies du monde physique auquel l'individu naturel appartient. Le corps de cet individu, avec tous ses organes et éléments matériels, constitue un système soumis aux lois de la mécanique physique. Voilà pourquoi il ne peut se soustraire — lors même qu'il le voudrait — aux lois de la gravité ni à aucune autre loi mécanique physique.

A ce propos, nous rappelons que, dans tous les livres de dynamique — en exposant le théorème du mouvement du centre de gravité d'un système matériel (ou le théorème dit des *aires*), et en démontrant que les forces *intérieures* ne peuvent pas influer (ce pourquoi on formule le principe de la conservation), on appelle l'attention sur les limitations que trouverait un homme ou un animal quelconque, si on pouvait le concevoir isolé et dans le vide, pour le soustraire à toutes les forces extérieures. Si l'on imaginait que l'animal (grâce à ses forces psychiques de volonté) développât alors des efforts intérieurs musculaires et mût diverses parties de son corps, on pourrait assurer en faisant cette supposition, qu'il ne pourrait pas (par une loi mécanique de son propre corps à laquelle il ne peut se soustraire) remuer les diverses parties de son corps *à son gré*, car il ne pourrait pas modifier — par exemple — l'état du centre de gravité de son corps. Si l'état initial de ce centre de masses de son corps était de repos, il resterait en repos, en conservant la même position qu'il occupait dans l'espace ; et quoique l'homme (ou animal) psychique (passez le mot) voulût la changer, cela lui serait aussi impossible, que — par exemple — de ne pas peser. Je me souviens de cet exemple et je le cite, car on y voit d'une façon nette et patente la connexion intime dont nous parlions entre les énergies psychiques et les énergies physiques musculaires. Ici la connexion apparaît clairement réglée par une *loi de la mécanique physique.*

*
* *

Laissons de côté ces questions concernant les relations qui existent entre les énergies dans les mondes dits inorganique, organique et psychique, pour nous enfermer dans le terrain propre de la mécanique rationnelle. Rappelons d'abord, en suivant l'habitude adoptée dès le commencement de ce travail, ce qui arrive à un point matériel libre placé dans un *champ de forces.*

On distingue dans la mécanique des *points matériels* :

1º L'énergie actuelle ou *de mouvement* — appelée *cinétique* — qui, dépendant de la masse m du point et de la *grandeur v* de sa vitesse à l'instant où on la considère, se mesure à cet instant par $\frac{1}{2}\,mv^2$. Elle peut se transformer en une quantité équivalente de *travail.*

2º L'énergie de *position dans le champ* — appelée *énergie potentielle* — qui, dépendant de la masse m du point et de sa position à l'instant où on la considère, ainsi que de la nature ou constitution du *champ de forces,* se mesure à cet instant par *tout le travail positif* que pourrait développer la force du champ sur le point, en changeant sa position dans la région dont il s'agit.

On sait que *la force* du champ est le produit de la *masse* du point par l'accélération correspondant à chaque position. Cette accélération est ce qu'on appelle *l'intensité du champ* dans cette position. Pendant que la force du champ pourra agir, et que le changement de position du point pourra permettre à cette force *de donner quelque travail positif*, il y aura de l'énergie potentielle sur le point matériel *dans le champ* (1). En se rapportant à *l'unité de masse*, cette énergie potentielle est ce qu'on appelle LE POTENTIEL correspondant à chaque position. Naturellement l'énergie potentielle (ou le potentiel) est *essentiellement numérique* (scalaire), comme l'énergie cinétique l'est de même. L'énergie totale du point dans le champ où il se trouve, l'est de même, si on appelle ainsi l'addition numérique des énergies cinétique et potentielle correspondantes à un même instant.

On sait qu'en général, les positions des points auxquels correspond le même potentiel dans un champ de force, appartiennent à une même *surface de niveau* qui s'appelle équipotentiel et que, quand l'intensité du champ (en agissant sur un point de masse unité) fait un travail positif, le point perd, de son potentiel, une partie exactement égale à ce travail et passe à être placé dans un

---

(1) Nous disons *dans le champ* pour bien rappeler que l'énergie potentielle est dans l'ensemble du système auquel appartient le point, quoique nous la rapportions à celui-ci. Le professeur Ostwald, (dans son livre sur l'énergie), a présenté quelques difficultés quant à la distinction faite par Rankine entre l'énergie actuelle et l'énergie potentielle. La dénomination de *cinétique* a déjà été adoptée par tout le monde, et il n'y a lieu à la confusion. On a conservé celle de *potentiel* qui n'équivaut pas à *possible*, comme opposé à ce qui est réel et effectif. L'énergie potentielle dans un champ de force, est aussi réelle et effective que l'énergie cinétique.

plus petit *niveau potentiel*. Voilà pourquoi le potentiel qu'a le point dans une position dans le champ, *mesure* ou donne la *mesure de tout le travail positif* que les forces du champ feraient si on le portait jusqu'à la limite du champ, en épuisant tout son potentiel.

En général, si le mouvement du point dans le champ pouvait se considérer comme une succession de mouvements élémentaires, chacun desquels débuterait sans vitesse, la ligne formée par les *trajectoires élémentaires* serait une ligne de force. Dans le seul cas où cette ligne serait une droite, elle-même serait la *véritable trajectoire* que suivrait un point qu'on laisserait *libre et sans vitesse* dans le champ.

Après ces idées générales, rappelons l'exemple du *champ uniforme* de la gravité terrestre, où l'intensité du champ est g (constant) ; et la direction et le sens du champ est la verticale vers le bas (constante) (1).

Si un point matériel de masse m restait libre dans le vide dans une position quelconque o, dans laquelle il aurait une vitesse v_0, qui formerait (par la direction et son sens) un angle aigu a, avec la verticale vers le

----

(1) Nous supposons une région suffisamment petite pour que les accélérations de tous les points dans ces mouvements de chute, puissent être considérées — sans une erreur sensible — comme égales, et pour que, de même, les verticales puissent être regardées comme parallèles.

Dans les lois que nous allons rappeler, nous mettons de côté la résistance du milieu. Il ne s'agira donc pas des lois du phénomène *naturel*, mais des lois *abstraites* et *approximatives*, qu'il faudrait corriger ensuite. On sait que c'est le moyen général de procéder, à cause de l'immense difficulté de formuler les lois des phénomènes, tels qu'ils se présentent dans la nature.

haut, on sait que dans le mouvement parabolique du point se vérifierait le *théorème de l'énergie*, qui dit :

$$\frac{1}{2} mv^2 - \frac{1}{2} mv_0^2 = - mg \times y ;$$

et qui nous démontre : qu'en s'élevant le projectile — ou en atteignant un plus grand niveau potentiel — l'y positive correspond, pour chaque position, à un travail négatif (second membre de l'équation), fait par la force du champ pour avoir *augmenté l'énergie potentielle* du point en cette valeur du *travail effectué*, qui est exactement égale à la *diminution d'énergie cinétique* (premier membre de l'équation), depuis son état initial $\frac{1}{2} mv_0^2$.

Notons (comme fait intéressant dans cet exemple) qu'à n'importe quel instant, l'énergie cinétique $\frac{1}{2} mv^2$, est composée de deux termes

$$(1) \qquad \frac{1}{2} mv_x^2 + \frac{1}{2} mv_y^2 ;$$

et comme le premier terme ne peut augmenter ni diminuer (car le mouvement en projection horizontale est nécessairement uniforme, puisque la direction du champ est normale à la direction horizontale ox), et ce premier terme a la valeur constante $\frac{1}{2} mv_0^2 \sin^2\alpha$; on voit que l'énergie cinétique en diminuant — comme nous disions — ne peut pas s'épuiser complètement et se convertir ou se transformer toute en potentiel. Le deuxième terme *initial* $\frac{1}{2} mv_0^2 . \cos^2\alpha$, sera le seul qui pourra s'épuiser — et s'épuisera — lorsque par le travail négatif de la force du champ, l'énergie cinétique du

---

(1) Adoptons l'axe *ox* horizontal et l'axe *oy* vertical.

point atteindra la valeur minima $\frac{1}{2}mv_0^2 . \sin^2\alpha$, correspondant nécessairement à la position de *maximum potentiel.* On voit que, sur la branche descendante de la parabole — à partir de la position de maximum potentiel, les diminutions du potentiel seront compensées (grâce aux travaux positifs qu'effectuera la force du champ) par les augmentations de l'énergie cinétique depuis son minimum. L'exacte égalité entre cette augmentation (premier membre) et cette diminution (second membre) démontre qu'il y a *conservation d'énergie totale dans le champ.*

Ce problème est encore plus simple, si l'on suppose que la vitesse initiale v_0 est *verticale.* Alors on voit : 1° que si son sens est le même que celui du champ ($\alpha = \pi$), le mouvement du point est rectiligne, uniformément accéléré dans la direction et le sens mêmes de la *ligne de force* ; 2° que si le sens de v_0 est contraire à celui du champ ($\alpha = 0$) le mouvement est uniformément retardé dans la direction de la ligne de force, et en sens contraire, et *toute* l'énergie cinétique initiale $\frac{1}{2}mv_0^2$ s'épuisera, en se transformant en énergie potentielle, et le minimum *zéro* de celle-là correspondra au maximum de celle-ci.

Dans le cas où le point aurait des liens qui l'obligeassent à parcourir une trajectoire fixe déterminée, qui serait une courbe quelconque à sinuosités de maximum et de minimum de hauteur, et se mouvant toujours dans le champ uniforme de la gravité, on aurait, de même, recours au *théorème de l'énergie*, et l'on serait conduit à des résultats identiques, puisque la réaction normale de la courbe fixe donne constamment du *travail nul*, et la force du champ — qui est *mg* — étant la seule qui travaille, l'équation est identique.

Alors, aucune partie de l'énergie *cinétique initiale* n'est obligée de se conserver constante, et elle s'épuisera toute jusqu'à ce qu'elle atteigne le maximum possible de potentiel, qui correspondra au minimum *zéro* de l'énergie cinétique.

Il n'y a rien de nouveau à dire ; et l'on voit toujours la *conservation de l'énergie totale dans* le champ.

———

Nous nous sommes trop arrêtés sur les souvenirs de mécanique rationnelle, à propos d'un simple point matériel placé dans un champ de forces.

Entrons maintenant dans la mécanique sociale, pour traiter des forces psychiques, et les voir agissant, sur les individus et éléments d'un groupement social qui seraient en mouvement dans une affaire sociale, c'est-à-dire en faisant des *travaux sociaux*, et en fournissant des *énergies psychiques*.

Arrêtons notre attention sur un seul individu. — Nous avons dit que dans chaque individu et pour chaque relation considérée il y a, à chaque instant, un ensemble psychique, composé d'idées, de sentiments, de volontés, etc., qui définit pour nous *la position* de l'individu dans l'affaire à cet instant. Et nous avons dit aussi : que de *l'état physico-physiologique* du propre organisme physique se produisent des influences qui en agissant sur *l'être psychique simple*, que nous appelons l'individu, constituent de véritables forces psychiques. De même de *l'état général psychique* du propre individu, surgissent des forces qui peuvent agir sur l'individu et influer pour changer *sa position dans la relation considérée.* Celles qui dérivent de l'état physique-physiologique, aussi bien que celles qui viennent de l'état psychique en général, auront à chaque instant des directions et des sens déterminés, avec des intensités également déterminées, en correspondance les unes les autres avec le tempérament physique — pour ainsi dire — de l'individu chez qui elles surgissent (1).

L'être individuel abstrait et simple, avec sa position dans la relation considérée, se trouve en réalité placé au milieu de quelque chose qui — regardé dans son ensemble — constitue un *champ de forces,* comme on dit en mécanique. Ce champ ou région où il se trouve, nous le voyons, à un instant donné, constitué comme suit :

1º Par tout ce qui étant physique ou psychique — en dehors de l'espace occupé par le corps de l'individu naturel — entoure, pour ainsi dire, celui-ci, et atteint le point où devient sensible l'action possible sur l'individu considéré ;

2º Par tout ce qui est physique et physiologique dans son propre organisme ;

3º Par tout ce qui est psychique général *en lui* et pourrait influer sur lui pour modifier sa position dans l'affaire dont il s'agit (2).

Ce champ de forces, si complexe, doit être regardé

---

(1) Nous estimons utile de faire cette séparation pour qu'il y ait plus de clarté dans ce que nous allons exposer ; mais sans indiquer par là que l'état psychique soit quelque chose *d'essentiellement* différent de l'état physico-physiologique : car c'est là une question étrangère à nos spéculations.

(2) Le numéro 1 est ce que Mach appelle *extérieur à la limite U* ; les numéros 2 et 3 sont nommés par Mach *intérieur à la limite U.*

(pour l'individu abstrait et simple) comme une véritable *ambiance naturelle* externe et interne, physique et physiologique, aussi bien que psychique. L'individu, dans chaque instant, étant libre, se meut — c'est-à-dire se modifie — avec une *accélération* déterminée dans la relation considérée, — pour chaque position de l'individu, et *selon l'état du champ à ce même instant*. Si nous concevions un individu avec *l'unité de masse* pour la relation considérée, nous dirions que son accélération : par sa *grandeur*, donne la mesure de *l'intensité du champ* ; et par *sa direction et son sens*, donne *la direction et le sens du champ* à cet instant, par la position qu'il a dans la relation considérée. On doit avertir que ce que nous avons appelé *champ de forces*, constitué, comme nous venons de le dire, pour y voir un mouvement élémentaire de modification de l'individu, est un peu différent du champ de forces que considère la mécanique rationnelle, pour y voir le mouvement d'un seul point matériel. En effet, les centres de forces psychiques — aussi bien externes qu'internes (quant à l'individu naturel) — ne sont pas des *centres fixes et d'un pouvoir mécanique constant* ; mais ils changent d'un instant à un autre physiquement et psychiquement, ce pourquoi le pouvoir mécanique — psychique, pourrions-nous dire — de ces centres de forces est essentiellement variable. Voilà pourquoi, en parlant ici de l'intensité, direction et sens du champ pour une position donnée de l'individu, nous avons ajouté : *selon l'état du champ de l'individu à l'instant dont il s'agit.* On comprend bien que la considération de l'individu dans son champ pour la *mécanique sociale*, soit plus difficile que celle du point matériel dans la mécanique rationnelle ; et que pour formuler les propositions quant aux énergies psychiques d'un individu, il sera nécessaire d'adopter certaines précautions.

Le champ psychique dont nous parlons — par sa façon d'être — ne sera pas en général uniforme, c'est-à-dire que l'intensité, direction et sens du champ ne seront pas les mêmes pour tous les individus, dans toutes les positions et à tous les instants. Si l'on pense à divers individus, on voit que l'ambiance externe qui les entoure est en général différente de l'un à l'autre ; et fût-elle égale, ce qui est physiologique et psychique de l'ambiance interne dans les uns et les autres serait différent. Si l'on pense aux positions distinctes où se trouvera un même individu à deux instants différents de son mouvement, on comprend aussi que, si l'ambiance externe restait la même pour cet individu, chaque *changement de position* (dans la relation considérée) qui se produirait pour l'individu abstrait et simple en un certain laps de temps, n'en serait pas moins simultané avec d'autres changements en ce qui concerne le côté organique-physiologique du corps de l'individu, et en ce qui concerne le psychique propre, c'est-à-dire, dans toute l'ambiance interne. On conçoit bien l'énorme complexité que tout cela entraîne (1). On voit, en dernier

(1) On sait que *l'habitude* d'exécuter tous les actes de la vie influe sur ce que nous avons appelé *ambiance* interne de chaque individu, de telle façon que les forces physiologiques, stimulées seulement par les simples sensations, suffisent pour réaliser de nouveau ces actes une fois commencés. Comme ils se réalisent *automatiquement*, il n'y a pas de forces psychiques — à proprement parler — qui interviennent. N'ayant pas à changer la façon de faire, la force psychique ne doit pas intervenir

lieu, que le champ de forces psychique ne sera pas en général *uniforme*.

En mécanique rationnelle, *quand il s'agit d'un seul point matériel*, tout ce qui exerce une action sur lui est conçu comme quelque chose de *fixe et de constant*, quoique à la rigueur, elle ne le soit pas ; et l'on suppose que la position et la vitesse du point qui est en mouvement dans le champ sur une trajectoire quelconque sont les seules données qui changent ; tandis que, en *mécanique sociale* (nous venons de le voir), tout le champ qui exerce une action sur un individu change d'un instant à un autre, en même temps que la position et la vitesse de l'individu considéré se modifient.

Or, en regardant le champ de forces psychiques, tel qu'il est pour un individu libre à un instant donné, on voit que son accélération (dans la relation considérée) est déterminée à cet instant, qui est en *grandeur l'intensité* du champ. La force motrice, pour cet individu, est (comme en mécanique rationnelle) le produit de sa masse multipliée par cette intensité.

Si on la considérait avec cette généralité changeante déjà expliquée, la notion du champ psychique ne pourrait être d'aucune utilité pour ce que nous poursuivons maintenant, puisque deux *positions* différentes de l'individu, ainsi que toutes les intermédiaires, pour passer de la première à la deuxième position, ne pourraient

comme cause de modification, et l'individu est livré — pour ces actes — au seul jeu physiologique inconscient.

Mais néanmoins on sait qu'il y a un renouvellement continuel physiologique qui se réalise dans le corps de chaque individu naturel ; c'est ainsi que l'ambiance interne, dont nous avons parlé, est essentiellement variable dans le temps.

pas être vues *dans un champ* qui fût *quelque chose* de défini et de concret. Voilà pourquoi (en ce que nous allons dire) nous nous rapporterons seulement au cas particulier où *la direction et le sens du champ* sont constants pour chaque individu ; c'est-à-dire, au cas où *la ligne de force* sera symbolisée par une *ligne droite.* C'est alors qu'on peut parler d'un champ psychique où l'individu serait soumis, en chaque instant et en chacune de ses positions, à une force pour laquelle on conçoit une seule loi de variation *de son intensité.* Le champ, pour l'individu que nous étudions, serait alors conçu *comme s'il y avait* un centre unique de force, situé sur cette ligne d'action, et duquel proviendrait la force qui, en chaque instant, serait la résultante des actions de tout le champ. Il est bon d'avertir, en outre, pour éviter des confusions et des contradictions, que nous allons étudier un seul individu, et que le champ particulier dont nous parlons sera *le sien,* et non celui d'un autre individu quelconque. Pour n'importe quel autre individu, le champ aurait *une autre direction et un autre sens, constants* aussi pour lui, et comme si la résultante de toutes les actions qui s'exerceraient sur cet autre individu venait d'un autre centre de force et avec sa loi de variation *d'intensité.*

En considérant, donc, un seul individu de masse unité, on doit penser que, même dans le cas particulier dont nous avons parlé, le champ où nous le verrons se mouvoir (c'est-à-dire se modifier) ne serait uniforme que dans le cas très particulier où *l'intensité* du champ serait également *constante,* c'est-à-dire, que la résultante de toutes les actions qui s'exerceraient sur cet individu de masse unité — se dérivant de toute l'ambiance interne et externe, physico-physiologique et psychique — aurait non seulement une direction et un sens constants, mais aussi la même *grandeur* en tous les instants. Il est évident, que dans ce cas très particulier, le mouvement de modification de l'individu dans la direction et le sens de la ligne de force serait uniformément accéléré.

Au cours de cet ouvrage, en étudiant le mouvement de modification d'un seul individu ou élément social, nous avons dit dès la *cinématique* que, pratiquement et généralement, cet individu réalise, dans sa vie, les changements de position dans chaque relation donnée, par une succession de mouvements de *direction constante*, chacun desquels est d'une durée relativement longue. Chacun de ces mouvements partiels se trouve dans le cas particulier que nous avons exposé, et nous pouvons lui appliquer ce que nous dirons sur *l'énergie psychique potentielle dans son champ* à chaque instant. Bien entendu, l'on doit supposer connue la loi de variation de l'intensité du champ en fonction de la position qu'aura l'individu dans la relation donnée à chaque instant. Cette loi, en effet, est celle qui *définira* vraiment le champ dans le mouvement partiel que nous considérons.

Ayant exposé cela, commençons maintenant à distinguer également pour la *mécanique sociale* les deux classes d'énergie d'un individu dans son champ, savoir :

1° L'énergie actuelle ou *de mouvement* de l'individu dans la relation considérée (nous l'appellerons *énergie cinétique*), qui dépendant de sa masse m pour l'affaire, et de la *grandeur* de sa vitesse v à l'instant où on le considère, se mesure en cet instant par $\frac{1}{2} mv^2$, et peut se transformer en travail social.

Cette énergie cinétique d'un individu dans une affaire, ne diffère en rien de celle d'un point matériel en mécanique rationnelle. Les deux facteurs *masse* et *intensité de la vitesse* y interviennent identiquement, et *l'intensité de la vitesse* élevée au carré a la même influence prépondérante qu'en mécanique rationnelle.

2° *L'énergie potentielle* qui, dépendant de la masse m de l'individu pour l'affaire et de sa position à l'instant où on le considère, ainsi que de la nature ou constitution de son champ de force, se mesure en cet instant par *tout le travail positif* que pourrait développer la force du champ au moyen de changements de position de l'individu dans l'affaire (1). Ce travail *total*, il faudrait l'apprécier comme intégrale de travaux élémentaires, chacun d'eux étant (au moyen du facteur m) le produit de *l'intensité du champ* (variable) en chaque position, par le chemin élémentaire parcouru et estimé en son sens à partir de cette position. Le parcours élémentaire pourrait s'apprécier par l'accroissement très petit du paramètre servant à définir sa position dans la relation considérée.

On voit que ce potentiel de l'individu, dans chaque position, vaut et représente une énergie *en puissance*, dans le champ, pour la relation que l'on considère. — Et cette énergie existe toujours tant que le champ pourra exercer sur l'individu (abstrait et simple) quelque *action réelle et effective*, et cet *individu* pourra changer

(1) Nous sous-entendons que cette énergie potentielle, quoique rapportée à l'individu, réside dans tout l'ensemble.

sa position dans la relation considérée (c'est-à-dire, se modifier), de façon à permettre à l'intensité du champ de faire du *travail positif*. — Le potentiel, dans chaque position, exprime donc mécaniquement tout ce que peut encore produire l'individu par un mouvement de modification dans la relation donnée ; et c'est, par conséquent, de *l'énergie emmagasinée*, non pas encore développée, mais qui peut se déployer, en comptant avec tout ce qui est interne et externe, symbolisé — pour ainsi dire, pour le cas particulier que nous considérons — par la loi de variation de l'intensité du champ.

Si l'individu de masse unité passe d'une position initiale où son potentiel est π_0 à une autre où son potentiel est π (plus petit que π_0) par un mouvement quelconque sur la ligne de force (qui est le cas particulier dont il s'agit) on voit que la diminution $\pi_0 - \pi$ du potentiel, mesure le travail positif fait effectivement par toutes les forces du champ qui agissent sur l'individu.

Ainsi comprises les deux énergies psychiques *cinétique* et *potentielle* de l'individu dans son champ, appliquons le *théorème de l'énergie* à l'individu *de masse unité* ; et l'on écrira :

$$\frac{1}{2} v^2 - \frac{1}{2} v_0^2 = \pi_0 - \pi \, ;$$

ce qui nous dit que : *l'accroissement de l'énergie cinétique est égal à la diminution du potentiel.*

Et si on appelle *énergie totale*, en un instant, l'addition des énergies cinétique et potentielle en cet instant, la proposition antérieure équivaut à cette autre

$$\frac{1}{2} v^2 + \pi = \frac{1}{2} v_0^2 + \pi_0 \, ;$$

L'énergie totale de l'individu dans son champ se conserve constante à travers toutes ses modifications.

Pour nous rendre compte de la loi que nous venons de formuler, pensons que chaque individu, en naissant, aurait — pourrait-on dire — une position initiale au paramètre *zéro*, dans la relation que l'on considère ; et qu'il se trouve, à partir de cet instant et pour un premier laps de temps de sa vie, au milieu d'un *champ de forces* constitué :

1º Par tout ce qui peut exister dans son organisme physiologique, hérité directement de ses parents, avec toutes les prédispositions psychiques héritées également (et qui semblent comme liées à la même constitution physiologique) que l'individu apporte avec lui pour sa vie, à sa naissance. Toutes ces dispositions physiologiques, avec les prédispositions psychiques, devront se développer physiquement et psychiquement.

On peut dire, sans se tromper, que cette ambiance interne de l'enfant en naissant, lui vient de *toute son ascendance.*

2º Par tout ce qui est physique et psychique dans le milieu où il se trouverait placé dès l'instant où il naît (1).

C'est pourquoi l'on comprend que tout l'être de chaque individu, autant par l'héritage qu'il amène en naissant que par tout ce qu'opère sur lui l'ambiance physique et sociale qui l'entoure, est intimement et profondément

____

(1) La durée du premier laps de temps que nous allons considérer variera beaucoup d'un individu à un autre, et dépendra de circonstances ou d'accidents particuliers pour chaque individu.

pénétré par le passé et le présent de la société à laquelle il appartient (1).

On voit, ainsi que nous l'avions déjà dit, que tout ce qui constitue son champ est essentiellement variable dans le temps. En fait, l'organisme croîtra et se modifiera par des processus physiologiques et biologiques de la façon particulière qui correspondrait à *la relation où il se trouverait* avec toute l'ambiance externe ; et cette ambiance (en y comprenant tout ce qui est extérieur et qui pourrait exercer une influence de n'importe

(1) Ceci s'accorde parfaitement (quoique l'aspect *mécanique* se distingue bien de l'aspect biologique) avec la formule biologique de F. Le Dantec. — Selon lui, s'il intervient à la fois dans tout acte vital deux facteurs essentiels :

1° Le contenu du corps de l'être vivant..... A ;
2° Le milieu qui enveloppe l'être..... B ;

il est évident que, à un moment quelconque le fonctionnement vital peut s'exprimer par la formule A $\times$ B.

Et ainsi le passage de la forme A_{n-1} de l'être (à l'instant t) à la forme A_n (à l'instant $t + dt$), s'exprime — pour F. Le Dantec — par la formule symbolique :

$$A_{n-1} + (A_{n-1} \times B_{n-1}) = A_n.$$

Il est sous-entendu que le signe $\times$ n'a pas la même signification qu'en arithmétique, pour l'opération de multiplier. Ici, il se rapporte à l'ensemble d'activité de tout genre, qui (grâce aux relations entre un corps vivant A et le milieu qui l'entoure B) s'opère par des actions et des réactions, à partir de chaque instant, et pendant chaque intervalle infiniment petit dt de temps.

Si par le symbole général A $\times$ B on exprimait la grandeur limitée à un instant quelconque de l'activité totale entre l'être vivant A et son milieu B, le langage symbolique de F. Le Dantec permettrait peut-être d'écrire la formule générale

$$A_n = A_0 + \int_{t_0}^{t_n} (A \times B)\, dt,$$

si de A_0 (instant t_0) on passe à A_n (instant t_n).

quel genre sur l'enfant considéré intégralement), change aussi d'un instant au suivant, en même temps que ce que nous avons appelé ambiance interne change aussi (1).

Eh bien, si nous supposons que pendant un certain laps de temps, dès la naissance, l'action de *tout le champ* — quoique variable — soit telle que l'individu simple et abstrait se meuve, quant à une relation donnée, dans une direction et un sens déterminés, et que cette direction et ce sens se conservent constants en tout ce laps de temps, nous pourrions dire que l'individu *avait* en naissant un potentiel déterminé vis-à-vis de la relation en question, potentiel qui dépend de tout ce qui constitue son champ avec la manière d'être de celui-ci. Le mouvement de modification qui fera passer successivement l'individu d'une façon continuelle par les différentes *positions dans la relation donnée* sera tel qu'à mesure que son énergie cinétique augmentera, son potentiel se consumera. Comme nous l'avons dit, chaque diminution de ce potentiel sera équivalente au travail positif (ou sera mesurée par le travail positif) que feront les forces du champ, pour accélérer le mouvement de modification dans la relation donnée. On voit ainsi la transformation partielle et successive d'énergie potentielle en une autre énergie cinétique équivalente pendant cette période de temps — soit, la *conservation de l'énergie totale.*

Si la mort de l'individu ne survenait pas dans cette

(1) Nous avons vu plus haut que la croissance et les modifications successives et continuelles de la structure de l'animal se réalisent au moyen de transformations des énergies qui se trouvaient dans l'ambiance interne. Le processus de croissance dure, naturellement, jusqu'à ce que l'animal (ou la plante) ait atteint la plénitude, pour ainsi dire, de sa grandeur et de sa structure, selon l'espèce à laquelle il appartient.

première période, un moment arriverait où — l'individu occupant une certaine *position dans la relation considérée* — le champ de forces subirait de grandes altérations. A celles-ci correspondront une direction et un sens nouveaux où l'individu se mouvra ou se modifiera (1). Si, dans cette deuxième période, pour ainsi dire, le nouveau champ (quoique toujours variable) permettait de connaître, en même temps que sa direction et son sens, son intensité en fonction des futures positions, nous pourrions appliquer tout ce que nous avons déjà dit pour la première période, en voyant le potentiel qui (en rapport avec le nouveau champ) pourrait correspondre à l'individu à l'instant initial de la deuxième période, et ainsi de suite.

Dans tout ce que nous avons dit, nous avons considéré *l'intensité* du champ en faisant un travail *positif* pour augmenter l'énergie cinétique de l'individu aux dépens de son potentiel. Mais, dans les vicissitudes de la vie il peut y avoir, et il y aura des périodes où l'individu se mouvra (dans l'affaire que l'on considère), en sens

(1) A bien aller au fond des choses, ce changement que nous supposons rapide — dans le champ des forces — ne se présenterait que dans des cas spéciaux ou dans des périodes *critiques* (par exemple, celle de la puberté) ; mais nous admettons cette discontinuité seulement pour donner plus de relief à notre pensée.

Dans la réalité de la vie, le processus de variation du champ des forces s'opère suivant la loi de continuité ; et à la rigueur, on doit considérer l'individu avec son potentiel dans le champ des forces se mouvant (ou se développant) d'une façon continue, en même temps que son champ se transforme continuellement. Ici nous nous bornons à voir ce qui arriverait dans un point, à la suite d'un changement limité dans le champ des forces.

opposé au *sens du champ* dans cette période ; si, par exemple, un individu se trouve à un instant donné (que nous considérons comme initial), animé d'une certaine vitesse due à des causes antérieures, et s'il se voit placé en cet instant, et pour les intervalles successifs du temps, au milieu d'un champ qui, par sa constitution et sa nature, aurait la même direction de la vitesse de l'individu, mais un *sens opposé*, il est évident que le mouvement de l'individu dans cette période serait *retardé* ; c'est-à-dire que son énergie cinétique diminuera peu à peu par le travail *négatif* que fera la force du champ ; mais *son potentiel dans le champ* augmentera, puisque, aux positions qu'il occupera, correspondra une plus grande quantité *possible de travail positif relativement à l'intensité du champ.*

Quand l'énergie cinétique que cet individu avait à l'instant initial s'épuisera parce qu'elle se sera transformée tout entière en potentiel, celui-ci sera un maximum, quand l'énergie cinétique sera nulle ; et à partir de cet instant, le travail positif augmentera l'énergie à partir de *zéro*, et correspondra à un mouvement dans le sens même du champ, qui sera accompagné de la diminution correspondante de potentiel. Par le *théorème de l'énergie,* la loi de la *conservation de l'énergie totale* s'accomplira toujours ; et *il y aura un instant* où *toute l'énergie* (en ne considérant qu'un individu) sera potentielle et cet instant sera celui où la cinétique sera *nulle.*

*_**

Tout ce que nous avons exposé ci-dessus quant aux énergies cinétique et potentielle d'un seul individu qui se meut dans son champ, pourrait être appliqué à ce que nous appelons *un élément d'un groupement social,* si on l'individualisait. Pour cela, il faudrait :

1° Concevoir *l'élément* comme symbolisé par un point central, auquel on attribuerait une masse pour l'affaire, qui serait celle de tout l'élément social, et auquel on attribuerait aussi une vitesse de modification dans chaque instant ; l'élément social étant ainsi conçu ou individualisé, son énergie cinétique serait mesurée par $\frac{1}{2} mv^2$.

2° Concevoir que ce point central ou élément individualisé fût dans un champ de forces psychiques constitué, d'une part, par tous les individus de la collection qui, en exerçant leurs actions sur le centre, formeraient l'ambiance interne ; et d'autre part, par tout le groupement social, et par tout ce qui lui est extérieur, jusqu'à ce que l'action qu'il pourrait exercer sur l'élément que l'on considère fût sensible, ce qui formerait *l'ambiance externe* pour l'élément. En appliquant à ce champ pour l'élément social les considérations faites en étudiant un seul individu, on devrait considérer chaque période du mouvement où la *direction et le sens du champ* seraient connus et constants, et où l'on pourrait connaître son *intensité.* Que cette intensité fût constante ou variable, l'on pourrait concevoir *l'énergie potentielle* de l'élément (quelque position qu'il ait dans son champ) comme le produit de *sa masse* par *le potentiel* dans cette position (pour l'unité de masse).

On pourrait répéter, d'après cette conception, tout ce qui a été dit quant à un seul individu et appliquer le théorème de l'énergie ; et le principe de la *conservation de l'énergie totale* serait également établi.

On voit, en définitive, que (aussi bien pour un individu que pour un élément social) l'avenir, c'est-à-dire *ce qui sera* par l'effet du mouvement élémentaire de modification dans le temps, dépend *du présent*, dans lequel se trouve naturellement déjà le passé. Mais, bien entendu, *le présent* ne se rapporte pas seulement à l'état de l'individu ou de l'élément social en position et vitesse en l'instant que l'on considère, mais aussi à l'état (en ce même instant) de tout ce qui devra influer sur l'individu ou élément social, qui est son *champ de forces*, constitué par tout ce qui est physique et psychique, interne et externe, d'où se dérivent des forces qui agissent sur lui. Tout cela est aussi *présent* comme correspondant à l'instant dont il s'agit. Dans le *présent* se trouve donc *toute l'énergie* de l'individu ou de l'élément social dans les deux formes cinétique et potentielle.

Et il est très important d'observer que, grâce au développement et aux transformations des énergies totales des individus et des éléments d'un groupement, ceux-ci influent à leur tour, très remarquablement, sur l'ambiance physique externe, et la modifient, en s'appuyant sur toutes les connaissances acquises par les sciences physiques, chimiques et naturelles. A l'aide des sciences psychiques et sociales — si celles-ci progressaient suffisamment — on pourrait influer très notablement aussi sur l'ambiance psychique interne et externe. En définitive, on voit que, par répercussion, se modifient peu à peu les forces des champs où se trouvent successivement les individus et les éléments sociaux. De cette façon, s'accomplit l'évolution totale de l'ambiance physique et psychique pour les individus et les éléments de toute une société.

C'est à la sociologie qu'incombe l'examen attentif, profond et détaillé de tout ce que nous venons d'indiquer, pour voir si, grâce aux progrès de la psychologie expérimentale, il serait possible un jour d'entreprendre la constitution scientifique de la mécanique sociale appliquée.

Énergie des Groupements

Pour voir l'énergie d'un groupement social, commençons — comme toujours — par rappeler ce que nous savons sur la mécanique des systèmes matériels.

Quand un système de points de masses m_1, m_2, m_3, m_4, ... se trouve en mouvement dans l'espace, et quand l'on regarde ces masses comme exerçant des actions dynamiques *les unes sur les autres* (et rien de plus), le champ de forces, pour chacune d'elles, à un instant donné, est constitué par l'ensemble de toutes les autres. En d'autres termes, si, à un instant donné,

le point de masse m_1 est dans la position M_1 dans l'espace
  » m_2 » M_2 »
  » m_3 » M_3 »

l'énergie potentielle de la masse m_1 (dans la position M_1) sera le produit de m_1 par le potentiel V_1 qui correspondrait à la position M_1 dans son champ. Et en répétant de même, pour tous et chacun des points du système, l'énergie potentielle de celui-ci serait :

$$W = \Sigma m V ;$$

soit, la somme de tous les produits des masses multipliés par les potentiels correspondants : mais pour ne pas prendre deux fois chaque combinaison de deux points, on doit écrire

$$W = \frac{1}{2} \Sigma m V.$$

Et comme chaque mV mesure tout le travail positif que pourraient faire les forces du champ — (qui sont *les forces intérieures* du système) — sur chaque point, on pourrait dire que chaque mV est, pour ainsi dire, un travail emmagasiné dans la position M occupée par ce point. De ce point de vue, on peut dire, — comme il est courant — *que l'énergie potentielle W du système est la moitié du travail emmagasiné pour que ses points occupent leur positions respectives simultanées M_1, M_2, M_3, M_4,... à l'instant que l'on considère.*

Nous savons que si l'on considère la position occupée par le système de points en un instant initial t_0 et si nous l'appelons A ; et que si nous voyons passer ce système à une autre position B qui correspondrait à un autre instant t_1 ; et que s'il s'est mû seulement sous les actions des forces intérieures dont nous avons parlé ; et que si l'on suppose que ces forces dépendent uniquement des distances, c'est-à-dire qu'elles soient de celles qui admettent une fonction de force, le principe de la *conservation de l'énergie totale* se vérifierait (1) ; c'est-à-dire que en tous et chacun des instants

$$\frac{1}{2} \Sigma m v^2 + W = \text{constante.}$$

(1) Si le principe de la *conservation de l'énergie* doit se faire indépendant de toute hypothèse sur les forces intérieures dont nous parlons, il faut admettre le principe comme un fait dé-

Il convient de rappeler aussi que, selon le *théorème de Hamilton*, le passage de la position A (instant t_0) à la position B (instant t_1) devra se réaliser par de *tels* changements successifs et continus *des positions* des points, et de *tels* changements successifs et continus *des vitesses*, que la variation de l'intégrale définie devant être *nulle*.

$$\int_{t_0}^{t_1} \left[\frac{1}{2} \Sigma m v^2 - W \right] \cdot dt$$

cette intégrale définie (de limites invariables) sera *minima* dans le mouvement *réel* du système relativement aux valeurs qu'elle aurait dans tous les mouvements virtuels possibles, par lesquels le système pourrait passer dans le même temps de la position A à la position B.

Si l'on prenait la *valeur moyenne* des valeurs par où passe la différence

$$\left[\Sigma \frac{1}{2} m v^2 - W \right]$$

de l'instant t_0 à l'instant t_1 ; et si l'on représentait cette valeur moyenne par H, la valeur de cette intégrale définie serait égale à H $(t_1 - t_0)$; et le facteur $(t_1 - t_0)$ étant constant, on voit que le théorème de Hamilton nous conduit à dire, comme l'expose H. Poincaré : *que la moyenne H des différences entre l'énergie cinétique et l'énergie potentielle de chaque instant, quand un système passe d'une position A (t_0) à une autre B (t_1) est* LA PLUS PETITE POSSIBLE *dans le mouvement réel et effectif du système.*

montré expérimentalement, car la démonstration théorique pourrait pécher par la base, comme le dit H. Poincaré.

***

Ayant rappelé ce qui précède, revenons à la *mécanique sociale*, et prenons un groupement social *vu en lui-même*, et constitué par des individus et des éléments sociaux (individualisés) avec ses masses respectives m_1, m_2, m_3, en ce qui concerne une même relation donnée, en ayant des positions déterminées respectives M_1, M_2 M_3,...*dans la relation donnée*, dans un instant t.

Considérant chacun des individus et éléments — en ce qui concerne la relation dont il s'agit — seulement au point de vue de son rapport avec l'ensemble du groupement, on pourrait dire que l'énergie potentielle du groupement, considérée en elle-même, dans l'instant t, serait appréciée par la moitié de tout le travail emmagasiné pour avoir les individus et les éléments du groupement dans ces respectives *positions simultanées* dans l'affaire, à l'instant que l'on considère.

Il y a, donc, dans chaque *position* d'un groupement social, un dépôt d'énergie (pour toutes les affaires sociales) qui est en puissance (1).

Ainsi conçue cette énergie potentielle dont on dispose, pour chaque affaire, en un instant t, et en l'appliquant à un groupement national — par exemple — on doit penser que le but de l'éducation d'un peuple — en prenant le mot éducation en son sens le plus ample

---

(1) Ward observe que les structures où il existe ces énergies sont le produit d'une lutte, et voilà pourquoi cet auteur modifie l'expression de Darwin « lutte pour l'existence » pour le monde organique ; — et il dit que l'ordre régnant en chaque instant dans le monde inorganique ,dans l'organique et dans le social, doit être considéré comme le produit d'une *lutte pour la structure*.

— doit consister essentiellement en ce que les forces intérieures dans leur ensemble fassent *effectivement* des travaux *positifs* en toutes et chacune des relations de caractère social, par les changements de position des individus et des éléments, pour développer ainsi, le plus qu'il sera possible, l'énergie potentielle qui existerait dans le groupement social.

Voyons maintenant comment on écrirait *le théorème de l'énergie* dans toute sa généralité. — Rappelons pour cela que, outre les forces intérieures, dont nous avons parlé, d'autres *forces extérieures* F, qui viennent du dehors du groupement, devront agir en général sur les individus et éléments du groupement (1). En appliquant le théorème à partir d'un instant t_0 où les diverses vitesses des individus et des éléments se représentent par v_0, jusqu'à un autre instant t_1, où ces mêmes individus et éléments auront les vitesses v ; si l'on représente par F les forces extérieures qui auraient agi dans ce laps de temps $t_1 - t_0$ et par f les forces intérieures, l'équation peut s'écrire ainsi :

$$\Sigma \frac{1}{2} mv^2 - \Sigma \frac{1}{2} mv_0^2 = \Sigma T \cdot F + \Sigma T \cdot f ;$$

ce qui nous dit que : l'accroissement de l'énergie cinétique du groupement, à partir de l'instant t_0 jusqu'à

(1) On sait que si un groupement social, comme une municipalité, par exemple, est dans un autre ou d'autres groupements plus larges, comme la région ou la nation à laquelle elle appartient, les forces qui surgissent des individus ou des éléments de ces groupements et qui exerceraient une action sur cette municipalité, sont *pour elle* des forces *extérieures* ; mais ces mêmes forces dont nous parlons seraient des forces *intérieures* s'il s'agissait d'étudier le mouvement du groupement régional ou national.

l'instant t_1, est égal au total des travaux faits (au moyen des changements de position réalisés par tous les individus et éléments) par toutes les forces extérieures F et intérieures f qui auraient agi.

Mais nous avons dit antérieurement que l'énergie potentielle du groupement en un instant t_0, était évaluée par tout le travail positif que pourraient faire les forces intérieures f ; et qu'elle dépendait des positions, dans l'affaire, qu'occuperaient en cet instant t_0 les individus et les éléments. Si ce potentiel du groupement pour l'affaire se représente par π_0 et le potentiel correspondant à l'instant t se représente par π, selon les nouvelles positions dans l'affaire ; on sait que le travail fait dans ce laps de temps par toutes les forces *intérieures*, c'est-à-dire $\Sigma T.f$ vaut $\pi_0 - \pi$, qui est la diminution subie par le potentiel du groupement pour l'affaire.

Par suite, le *théorème de l'énergie* peut s'écrire ainsi :

$$\Sigma \frac{1}{2} mv^2 + \Pi = (\Sigma \frac{1}{2} mv_0^2 + \Pi_0) + \Sigma T . F ;$$

et s'énoncer de cette façon :

L'énergie totale d'un groupement social, quant à une relation quelconque en un instant quelconque t_1, est égale à l'énergie totale qu'il avait en un instant initial t_0, augmentée du total des travaux qu'auront faits dans ce laps de temps $(t_1 - t_0)$ toutes les forces EXTÉRIEURES *au groupement qui agissent sur les individus ou éléments de ce groupement.*

Cet énoncé fait voir clairement que si les forces psychiques sociales qui viennent *du dehors* d'un groupement font effectivement *du travail positif* en agissant sur des individus et des éléments du groupement, ce travail est profitable parce qu'il constitue une véritable *augmentation d'énergie totale* sur le groupement que l'on considère.

On déduit de cela que, si un groupement quelconque vivait pendant quelque temps absolument étranger à toute influence extérieure à lui, en ce qui concerne une relation donnée, le dernier terme de l'équation de l'énergie serait *nul*, et il y aurait par conséquent, *conservation d'énergie totale dans le groupement*. Par conséquent, si l'on augmentait l'énergie cinétique sociale

$$\Sigma \frac{1}{2} mv^2 > \Sigma \frac{1}{2} mv_0^2,$$

l'on pourrait assurer, dans cette supposition, que — en *vertu des changements de position réalisés* par tous les individus et éléments — une partie du *potentiel social* dont on disposait pour l'affaire, se serait consumée ; et que cette dépense serait exactement égale à l'augmentation d'énergie cinétique. — Et, inversement, il ne pourrait pas y avoir d'augmentation de l'énergie potentielle du groupement, *par les nouvelles positions* d'individus et éléments dans la relation considérée, qu'aux dépens (toujours en supposant l'isolement) d'une diminution de son énergie cinétique, exactement égale à cette augmentation.

Si le théorème de Hamilton était applicable aux forces sociales, on pourrait dire quant au mouvement réel et effectif de modification d'un groupement qu passerait de la position A à l'instant t_0 à une autre position B (dans la même relation donnée) à l'instant t_1, que :

Si l'on comparait le mouvement réel avec les mouvements virtuels infinis que l'on pourrait concevoir (en respectant les liens) pour parvenir au même changement de position dans le même temps ; et si l'on voyait, dans n'importe lequel des mouvements, les valeurs par lesquelles passe, dans le temps, la différence entre les deux énergies cinétique et potentielle ; et qu'enfin si l'on prenait la moyenne de ces différences :

La moyenne dans le mouvement réel serait la plus petite possible.

Aucun groupement social, dans le monde civilisé, ne vit aujourd'hui complètement isolé en aucune affaire et, par conséquent, il n'est pas entièrement étranger aux actions de forces extérieures qui accomplissent des travaux sociaux, et influent, par ces travaux, sur l'énergie totale du groupement.

———

Si, pour terminer ce chapitre sur l'énergie, nous rappelons ce que nous avons dit en commençant quant aux transformations mutuelles des énergies physico-chimiques, et quant à leurs changements directs et inverses en énergies physiologiques ; ainsi que les transformations mutuelles de celles-ci, et leurs changements directs et inverses en énergies psychiques ; et finalement, si nous rappelons que les diverses formes d'énergies psychiques se changent entre elles, peut-être pourrait-on dire que : toutes les énergies physiques et chimiques, physiologiques et psychiques — cinétiques aussi bien que potentielles (qui sont en rapport si intime) — sont des manifestations diverses d'une seule *énergie universelle*.

Et si l'on admettait que le monde constitué par notre soleil avec les planètes et ses satellites, etc., fût un système isolé (quoique cela ne puisse pas être admis réellement d'une manière rigoureuse), on devrait penser que les forces de tout genre qui agissent dans notre monde, sont des forces *intérieures* ; et si elles sont toutes *conservatrices*, il doit s'accomplir en lui la loi mécanique de la *Conservation de l'énergie universelle totale*. Bien entendu, l'on doit comprendre, dans ce total des énergies cinétiques et potentielles : toutes les énergies physiques et chimiques du monde appelé inorganique ; toutes les énergies physiologiques du monde organique, et toutes les énergies du monde psychique. Et cela dans toutes les planètes, satellites, etc. de notre système solaire. Ayant accepté cette conclusion, on ne pourrait plus admettre la possibilité de la création ni de la destruction d'aucune partie de l'énergie physique, ni physiologique, ni psychique dans aucun corps, ni dans aucun organisme.

Dans la quantité invariable d'énergie universelle, aurait seule *une valeur humaine* — à chaque instant — la partie dont l'homme saurait et pourrait profiter pour ses desseins de quelque genre qu'ils soient. La partie *utilisée* par l'homme (1) a été jusqu'à présent une fraction très petite de l'énergie totale ; et la suprême aspiration sera toujours d'atteindre (pour les individus et les groupements humains) — au moyen de convenables transformations — le plus grand profit possible de *toute l'énergie* que l'on parviendra à découvrir.

En pensant d'abord aux énergies physiques, il est bon de rappeler que dans les processus de leurs transformations mutuelles, une considérable partie se *dissipe*,

____

(1) F. Le Dantec observe que *l'utilisable* est très relatif, car ce qui ne pourrait être utilisé pour certains usages, pourrait bien l'être pour d'autres.

c'est-à-dire, qu'elle se répand en de telles formes, qu'il n'est pas possible à l'homme, en général, de l'atteindre et de la recueillir, et bien moins encore de l'emmagasiner. Voilà pourquoi il est très difficile, et parfois impossible, que cette énergie dissipée soit utilisable pour l'homme. Cette « tendance à la dissipation de l'énergie mécanique de la nature », comme disait Lord Kelvin, est très contraire à l'intérêt humain. Beaucoup d'éminents physiciens estiment que la forme calorifique de l'énergie est *d'un degré* ou d'une qualité *inférieure* à l'énergie mécanique ; et ils pensent que la transformation la plus *naturelle* est celle qui — en conservant la quantité — change une forme en une autre d'un degré inférieur (par exemple, l'énergie mécanique en chaleur). C'est ce que l'on veut signifier en parlant de la *dégradation naturelle* de l'énergie ; car on pense que les transformations inverses — par exemple, de la chaleur en énergie mécanique — sont artificielles, c'est-à-dire, obtenues par l'intervention de l'homme et avec de grandes dégradations d'énergie.

Or on sait que toute énergie est mesurée par le produit de deux facteurs ; et que, pour voir ainsi l'énergie thermique, il a fallu recourir à la notion de l'*entropie* comme facteur *quantitatif*, que l'on multiplierait par la *température* (en rapport au zéro absolu) comme facteur *intensif*.

Le rapport des grandeurs où seront les deux facteurs (d'une quantité d'énergie donnée) est très intéressant quand il s'agit d'en profiter pour *un dessein déterminé*. Ainsi, par exemple, s'il s'agit de l'enfoncement d'un pilotis au moyen du martinet, il convient de faire prédominer le facteur *quantitatif* (*masse*), dans l'énergie cinétique d'une masse m tombée d'une hauteur h ; et s'il s'agit du projectile lancé par un fusil, il convient, au contraire, dans l'énergie cinétique de faire prédominer le facteur *intensif* (vitesse).

Une quantité donnée d'énergie thermique est d'autant plus profitable (en parlant en termes généraux et pour les usages courants) que le facteur *intensif* (*température*) sera plus élevé ; et ainsi le seul fait de la descente de ce facteur — entraînant l'augmentation de l'entropie — fait que cette quantité d'énergie sera moins utilisable en général, ou, comme l'on dit encore, sera *dégradée*, lors même qu'elle conserve sa grandeur. En outre, l'énergie thermique est plus propre à la *dissipation* ; c'est pourquoi les physiciens considèrent cette espèce d'énergie comme d'une qualité inférieure (ainsi qu'il a été dit) relativement à l'énergie mécanique, à l'énergie électrique, ou à l'énergie chimique.

Au cas *idéal* où l'entropie se conserverait constante, la partie $(Q_1 - Q_2)$ d'une énergie thermique Q_1, qui pourrait se transformer en travail mécanique, correspondrait au coefficient de transformation $\dfrac{Q_1 - Q_2}{Q_1}$, qui serait exactement égal à $\dfrac{T_1 - T_2}{T_1}$, selon le principe de Carnot (1). Mais dans les opérations de la réalité, l'entropie *augmente*, tant qu'il y a production de

---

(1) On sait que ces températures doivent être mesurées en rapport avec le zéro absolu, c'est-à-dire qu'il faut ajouter au nombre de degrés centigrades les 273° ; c'est pourquoi le profit possible d'une énergie thermique qui devrait se transformer en énergie mécanique dans une machine à feu, est si petit, selon le principe de Carnot.

chaleur, parce que ses accroissements différentiels sont tous positifs (1).

En appliquant eette conclusion à l'Univers — où l'énergie se conserve — on verrait un processus d'augmentation continué de l'entropie, avec *diminution dans les différences de température*, ce qui, à la fin, conduirait à la fameuse conclusion de Lord Kelvin.

Le Dantec proteste contre la classification des diverses formes d'énergie physique par degrés ou catégories, et des transformations en naturelles et artificielles, parce qu'il estime qu'elles n'ont pas une base réelle ; puisque les agents physiques produisent parfois aussi les transformations inverses, sans l'intervention de l'homme, c'est-à-dire *naturellement*, comme disent les

(1) Dans le livre d'Ostwald sur l'Energie on donne la démonstration qui suit :

S'il y a dans un corps de l'énergie thermique à la température T_1, et s'il y en a dans un autre à une température inférieure T_2, il y aura conduction de chaleur du 1er au 2e si $T_1 > T_2$ jusqu'à ce que les deux corps arrivent, après un certain temps, à la température commune $T_m \begin{matrix} < T_1 \\ > T_2 \end{matrix}$. A un instant quelconque t de cet intervalle de temps, lorsque le premier corps est à une température T_1' et le second à une autre température T_2' ($T_1' > T_2'$) on voit que le premier corps *perdra* dans le laps du temps infiniment petit dt, une quantité de chaleur dQ, qui correspond à l'entropie $dS_1' = \dfrac{dQ}{T_1'}$ et le second corps *gagnera* dans ce même dt, une égale quantité dQ qui correspondra à l'entropie $dS_2' = \dfrac{dQ}{T_2'}$ et étant $T_1' > T_2'$ on aura $dS_1' < dS_2'$; et par conséquent (pour le système des deux corps) il y aura un accroissement *différentiel de l'entropie qui sera* POSITIF.

Faisant l'intégration dès l'instant initial jusqu'à l'instant où la température commune sera Tm, il résulte une *augmentation de l'entropie*.

.physiciens. Et cette façon de parler n'est pas correcte selon le biologiste déjà cité, car l'intervention de l'homme est aussi *naturelle* que celle des agents physiques (1).

Quoi qu'il en soit, c'est aux sciences physiques et naturelles qu'il appartient (en se fondant sur les lois découvertes), de procéder à l'investigation des moyens d'augmenter de plus en plus la partie du fonds d'énergie physique et physiologique *profitable pour les desseins humains ;* bref de diminuer de plus en plus l'énergie dissipée, non utilisable pour l'homme.

On pourrait dire quelque chose d'analogue, peut-être, quant aux énergies psychiques qui intègrent conjointement avec les énergies physiques et physiologiques — à mon avis — notre fonds d'*énergie universelle.* On pourrait, peut-être, dire que non seulement il y a dissipation d'énergie dans les processus de transformation des énergies physiques mais aussi dans les transformations des énergies physiologiques entre elles, ou des transformations psychiques entre elles ; et qu'il y a aussi dissipation dans les changements d'énergies physiques en physiologiques ou vice-versa, de même que dans les énergies physiologiques en psychiques ou vice-versa.

Mais, de même que l'étude théorique et pratique concernant les énergies physiques et physiologiques est du ressort des sciences physiques et naturelles, de

---

(1) L'énergie ou capacité de travail étant indépendante des moyens dont dispose l'homme pour l'utiliser, F. Le Dantec observe que la dégradation dont parlent les physiciens ne peut pas se rapporter à l'énergie totale mathématique dans un système isolé (car celle-ci n'admet pas de diminution) mais à quelque chose qui a une définition *purement humaine.*

même la distinction — s'il était possible de l'établir —
entre les travaux psycho-sociaux *utiles* pour le développement rationnel et harmonique des individus
ou des sociétés devrait correspondre en premier lieu
à la psychologie et aux sciences sociales ; du même
genre devrait être aussi cette autre partie d'énergie
qui se *dissipe*, et est consumée en travaux inutiles (ou
peut-être nuisibles) pour les individus et les groupements sociaux. Pourra-t-on arriver à cette distinction
qui serait fondamentale pour la sociologie ?

Quoique nous voulions employer le langage des physiciens dont nous parlions tout à l'heure, on ne pourrait
parler de transformations *naturelles* d'énergies psychiques en d'autres énergies d'un degré ou d'une qualité inférieure, puisque dans toutes ces transformations
apparaîtrait toujours l'intervention de l'homme, et que
cela leur prêterait le caractère d'*artificiels*, si l'on parlait
ce langage. Mais tout ce que nous avons exposé dans
notre ouvrage, montre (s'il ne le démontre pas) combien
sont *naturelles* les transformations d'énergies psychiques
dans la vie des individus et des éléments sociaux ;
il apparaît, par conséquent, que l'on ne doit pas penser
à une semblable classification pour les transformations
des énergies psychiques.

Puisque nous ne parlons pas de transformations naturelles ni artificielles, et que nous ne faisons guère
d'allusion aux dégradations d'énergies, disons seulement
qu'il importe beaucoup à l'humanité d'*utiliser* le plus *ra-
tionnellement* possible toutes les formes d'énergies, aussi
bien physiques que physiologiques et psychiques, pour
l'homme et en faveur de l'homme. En consacrant
toutes les sciences à la découverte des lois et à l'inves-

tigation des procédés propres à atteindre la plus grande utilisation possible (en diminuant par suite de plus en plus l'énergie dissipée, c'est-à-dire, en faisant que les coefﬁcients de transformation soient les plus grands possibles) on les fera contribuer dans toute la mesure possible à l'économie de l'*Energie universelle*.

TABLE DES MATIÈRES

IDÉES PRÉLIMINAIRES. — DÉFINITIONS. — HYPOTHÈSES

I

II

III

CINÉMATIQUE

*_**

*_**

STATIQUE ET DYNAMIQUE

PREMIÈRE PARTIE : EQUILIBRE ET MOUVEMENT DES INDIVIDUS

*
* *

Théorèmes sur le mouvement de l'individu

DEUXIÈME PARTIE: ÉQUILIBRE ET MOUVEMENT DES GROUPEMENTS SOCIAUX

Statique Sociale

Dynamique Sociale

Théorèmes sur le mouvement d'un groupement social

L'ÉNERGIE UNIVERSELLE

*_**

SAINT-AMAND (CHER). — IMP. R. BUSSIÈRE.